JA KATOLIK/

TEOLOGIA (DLA) ZWYKŁEGO ZJADACZA CHLEBA

**Katolik w globalnym świecie.
Niebezpieczne wyzwania ideologii**

Wprowadzenie bp Andrzej Siemieniewski

KS. DR RYSZARD GROŃ

WRITERS REPUBLIC L.L.C.
515 Summit Ave. Unit R1
Union City, NJ 07087, USA

Website: *www.writersrepublic.com*
Hotline: *1-877-656-6838*
Email: *info@writersrepublic.com*

Ordering Information:
Quantity sales. Special discounts are available on quantity purchases by corporations, associations, and others. For details, contact the publisher at the address above.

Library of Congress Control Number:		2021924499
ISBN-13:	978-1-64620-965-1	[Paperback Edition]
	978-1-64620-966-8	[Hardback Edition]
	978-1-64620-967-5	[Digital Edition]

Rev. date: 12/28/2021

Spis treści/Index

Wprowadzenie

Już osiemnaście lat mija od chwili, kiedy św. Jan Paweł II w swojej adhortacji do Kościoła w Europie przypomniał nam wszystkim jakże aktualne słowa Biblii: «*Nie obawiajcie się (...) i nie dajcie się zaniepokoić! Pana zaś Chrystusa miejcie w sercach za Świętego i bądźcie zawsze gotowi do obrony wobec każdego, kto domaga się od was uzasadnienia tej nadziei, która w was jest*» (1 P 3, 14-15). Użyte tu przez Apostoła słowo „obrona" w języku greckim brzmi *apologia*. Było to więc wezwanie do postawy apologetycznej, do umiejętności bronienia wiary wobec wyzwań świata, w którym żyje Kościół. Nie brakowało tych wyzwań za czasów Apostołów, nie brakuje ich i dzisiaj.

Dlatego z wielką radością witamy książkę ks. Ryszarda Gronia zatytułowaną *Katolik w globalnym świecie. Niebezpieczne wyzwania ideologii.* Jest to książka apologetyczna, a więc pomagająca dzisiejszemu chrześcijaninowi w obronie wiary. Potrzeba nam dobrej i skutecznej obrony w konfrontacji z propozycjami alternatywnymi wobec Ewangelii. Niektóre z tych propozycji omówionych w książce mają rodowód sięgający już kilku wieków, jak ruch masoński. Inne pojawiły się później w historii, jak New Age (ten ruch doczekał się nawet specjalnie poświęconego mu dokumentu watykańskiego). Jeszcze nowszym zjawiskiem jest tak zideologizowana ekologia, że zaczyna nabierać cech niemalże religijnych. Równie wyraźnie widzimy to w ideologii *gender* mającej ambicje kształtować według swoich założeń całą edukację i politykę społeczną państw. Szczególnie wyraźnym przykładem zdobyczy ideologicznych *gender* jest upowszechniająca się tendencja do prawnego traktowania związków jednopłciowych jako małżeństw.

Już samo zestawienie w książce tych głównych wyzwań dla współczesnego chrześcijaństwa i klarowne ich omówienie ma wielką wartość. Ale autor, ks. R. Groń idzie dalej. Pokazuje, że nasza postawa nie jest tylko reakcją na alternatywne wizje świata; jest raczej wychodzeniem naprzeciw z jasnym ukazaniem za każdym razem, dlaczego Ewangelia jest znacznie lepszą propozycją: lepszą dla świata, dla społeczeństwa, dla każdego człowieka.

Apologia prawdziwie chrześcijańska nie jest wezwaniem do ideologicznej wojny. Jest zawsze złączona z nadzieją, że nasi oponenci w zetknięciu z racjonalnym argumentem dostrzeżą swój błąd, przyjmą Bożą prawdę, a swoje energie i zapał życiowy zaczną kierować ku temu, co naprawdę służy człowiekowi. W książce *Katolik w globalnym świecie. Niebezpieczne wyzwania ideologii.* zwróćmy więc szczególną uwagę na *Epilog* rozdziału o ruchu masońskim. Czytamy tam, że św. o. Maksymilian Kolbe wobec szczególnie agresywnych działań masonerii w Rzymie w roku 1917 wezwał do modlitwy. Nie była to jednak modlitwa o karę Bożą dla masonów, ale o ich nawrócenie: aby z tą samą gorliwością i zapałem, z jakimi służyli przeciw Bogu, teraz zaczęli służyć Chrystusowi. Była to walka duchowa, ale nie *przeciw* tym ludziom, tylko *o nich*. Taki niech będzie skutek lektury książki ks. R. Gronia: niech będzie nim w nas modlitwa i świadectwo wobec tych, co błądzą: w tym duchu *„bądźmy zawsze gotowi do obrony wobec każdego, kto domaga się od nas uzasadnienia tej nadziei, która w nas jest"*.

Ks. bp Andrzej Siemieniewski

Ks. Dr Ryszard Groń

Wstęp

Obce cywilizacji chrześcijańskiej ideologie coraz bardziej zaciskają sznur wokół szyi ludzkiego gatunku dążąc nieuchronnie do jego końca, do samozniszczenia. Nic dziwnego, taką okazuje się każda próba powiedzenia Panu Bogu „nie" i postawienia się w Jego miejsce. Paradoks dzisiejszej sytuacji polega jednak na tym, że dotychczas uważaną za kulturotwórczą siłę całej cywilizacji ludzkiej religię i tradycję chrześcijańską obarcza się główną odpowiedzialnością za wszelkie nieszczęścia współczesnego świata. W mniemaniu tych ideologii, miała przyczynić się do tego doktryna Jezusa Chrystusa nie uznająca żadnych kompromisów duchowo-moralnych w dziedzinie życia indywidualno-społecznego. Z historii i praktyki naszej wiary jednak wiemy, że stawianie bardzo wysokiej poprzeczki duchowej jest gwarantem wszelkiego postępu doczesnego oraz wiecznego spełnienia, bowiem stawką jest sam Bóg i Jego Królestwo. Kościół pieczołowicie pielęgnuje tę spuściznę duchowo-moralną swego Założyciela krzewiąc Jego naukę i rozdając Jego łaski wszem i wobec każdemu, kto tylko chce się na nie otworzyć. Warunkiem ma być nawrócenie człowieka, czyli odwrócenie się od starego życia w grzechu, który hodłuje wszelkiemu niemoralnemu przyzwoleniu, i poddanie się prawu Bożego Ducha wciąż głoszonemu w Kościele Chrystusowym. Właśnie, paradoksalnie, ten element kontynuacji wysokiego i bezkompromisowego poziomu nauki Chrystusowej w Jego Kościele czyni się główną przyczyną współczesnych problemów świata. W mniemaniu wspomnianych ideologii, ich odzwierciedleniem mają być m. in.: wojny, powstanie obozów koncentracyjnych, dewastacja środowiska naturalnego, zniewalanie całych grup społecznych poprzez sankcjonowanie tzw. religijnych stereotypów zachowań, brak tolerancji, przemoc w domu i zagrodzie, itd, itd.

Jednocześnie należy zaznaczyć, że współczesny świat nie przypomina już tego samego porządku intelektualnego i społeczno-politycznego sprzed kilku wieków, chociaż i wtedy były również próby globalnego sprzeciwu wobec nauki Kościoła (np. masoneria). Pod wpływem nowych nurtów myślowych, coraz bardziej wzbogacanych ideami modernizmu ateistycznego[1], doszło stopniowo do fundamentalnej zmiany myślenia, które dziś, mimo czasem nazwy, mało ma wspólnego z nauką chrześcijańską. W rezultacie, nasza współczesna epoka, zwana postmodernizmem, nawet nie chce słyszeć o chrześcijaństwie i Bogu postulując alternatywne w stosunku do niego fundamenty nowej cywilizacji, które będą – w ich mniemaniu – wolne od wpływu zniewalającej człowieka religii. Podbudowane nowymi ideami ruchy społeczno-kulturowe lat sześćdziesiątych i siedemdziesiątych ubiegłego stulecia rozpoczęły antychrześcijański marsz w kierunku nowego bezładnego porządku, dając upust swej moralnej bezkarności, w imię tzw. wolności od Boga.

Ten antychrześcijański trend rozpoczął się już wprawdzie wcześniej, jednak dopiero teraz wraz z globalizmem przybrał prawdziwie powszechne rozmiary. Spotykamy się tu nawet ze swoistą chrystianofobią, czyli dyskryminacją i rugowaniem chrześcijaństwa z wszelkich dziedzin życia społeczno-politycznego. W miejsce nauczania Kościoła, a nawet chrześcijańsko niegdyś ukierunkowanych porządków państwowych, postuluje się nowy ład świecki ubogacony naturalnymi i kulturowymi propozycjami pogańskimi, którymi ma zarządzać wszechświatowa machina ideologiczno-prawna. Co rusz słyszymy o różnych światowych konwencjach i konferencjach poświęcanych różnym problemom współczesnego świata (rozwoju gospodarczego, demografii, dzieci, kobiet, przemocy, itp), które ustalają nowe normy prawne, próbując je następnie narzucać wszystkim narodom. Nierzadko od przyjęcia tych norm jest warunkowana pomoc ekonomiczno-gospodarcza i humanitarna wielu krajów rozwijających się.

Tymczasem, na nowej ideologii zbijają swój największy kapitał przedziwnie lobbowane mniejszościowe środowiska społeczne, które w imię tzw. tolerancji i poszanowania swej odmienności kulturowo-płciowej

---

[1]   Chodzi o systemy filozoficzne kształtujące nowy współczesny porządek społeczno-moralny świata, bez wpływu chrześcijaństwa.

Ks. Dr Ryszard Groń

(zwanej tu „równością płci") domagają się równego, a nawet lepszego traktowania w świecie, chcąc narzucić swoje prawa mniejszości ogółowi społeczeństwa. Temu właśnie teraz mają służyć ustalane nowe normy prawne i urządzane konferencje światowe. Tak w miejsce dawnych dyktatur totalitarnych (narzucających środkami prawno-administracyjnymi jednolitej ideologii na całe społeczeństwa) powoli i po cichu wchodzi nowa dyktatura ideologiczna mniejszości narzucana środkami nacisku prawno-politycznego świata. Poprawność polityczna nowego kierunku ideologicznego i potężna wszechświatowa machina prawna paraliżuje każdego, kto chciałby i mógłby jeszcze obiektywnie i zdroworozsądkowo wyrazić prawdę o naszej rzeczywistości.

Niemalże jedynym ruchem oporu w dzisiejszym świecie przeciw nowo powstającemu porządkowi bez Boga jest nauczanie i praktyka Kościoła katolickiego. Jakże prorocze w swoim czasie okazało się otwarcie tego Kościoła na wyzwania współczesnego świata, podczas obrad Soboru Watykańskiego II (1962-1965). To właśnie ten Sobór i jego posiew sprawił, że doktryna Jezusa Chrystusa w naszym coraz bardziej zlaicyzowanym środowisku zaczęła bardziej przemawiać do współczesnego człowieka, pomagając mu dziś, po wielu latach, wierzyć wciąż w obiektywną prawdę, dobro i piękno, które ostatecznie mają źródło w Bogu. Z tej nowej perspektywy widać, że Kościół w imieniu Chrystusa ma wciąż wiele do powiedzenia i zaproponowania, chroniąc i ostrzegając człowieka przed wieloma niebezpieczeństwami. I oto w obliczu kolejnego niebezpiecznego zakrętu cywilizacyjnego, w którym dziś się znajdujemy, Kościół znów przychodzi z pomocą, przypominając ludzkości podstawowe prawdy o Bogu, o człowieku i otaczającej go rzeczywistości.

Niestety, ten głos Kościoła wbrew oczekiwaniom jest często osamotniony, bowiem pozostałe odłamy chrześcijańskie, o ile jeszcze mają jakikolwiek wpływ, okazują się bardziej kompromisowe ulegając niektórym postulatom wspomnianych ideologii. Nie dziwi, zatem np. błogosławienie par jednopłciowych, uroczyste rozwody, czy ordynacja kapłańska (biskupia) kobiet w niektórych kościołach pochodzenia protestanckiego. Kościół katolicki, mimo wielu krytyk i ataków opiera się tej ideologii, będąc wciąż jeszcze bastionem zdroworozsądkowej normalności.

Prezentowana obecnie książka została napisana spontanicznie, z potrzeby kapłańskiego serca, w zatroskaniu o zwykłego codziennego katolika, który chodząc po tym dzisiejszym świecie chce kroczyć mimo wszystko drogą Jezusa Chrystusa. Wydaje się, że komu jak komu, ale właśnie najpierw tym chrześcijanom zmagającym się z szarą i trudną codziennością, obarczoną dziś obcymi ideologiami, należy się porcja podstawowych wiadomości na ich temat, by mogli oni rozróżnić czyhające na nich i na ich domy niebezpieczeństwa, wyrobić sobie swoje własne zdanie i wszelkimi możliwymi sposobami im przeciwdziałać w ich własnym środowisku. Należy ufać, że zrozumienie tego problemu pomoże im w konsekwencji współpracować z wszystkimi, którzy podobnie myślą, a szczególnie zmotywuje ich do wspierania wszelkich inicjatyw indywidualno-społecznych w celu przeciwstawiania się tym ideologiom, oraz wspierania na forach publicznych głosu Kościoła katolickiego w tej sprawie.

Trzymając się pewnej logiki (klucza) historycznego procesu rozwojowego, któremu podlegały poszczególne opisywane przez nas zjawiska, po kolei nawarstwiając się jedno na drugim i stanowiąc niejako kolejny, bardziej zaawansowany stopień wyrafinowania i odejścia od Boga, książka podejmuje sześć zagadnień ściśle ze sobą powiązanych. Rozważania należy rozpocząć od ruchu masońskiego, którego początki sięgają w głąb historii chrześcijaństwa, skąd potem zebrano wszelkie kontestacyjne formy myśli i praktyki, by wyłożyć je pod wspólnym masońskim sztandarem. Były to pierwsze próby globalnego przeciwstawienia się nauce i porządkowi świata chrześcijańskiego, które przygotowały grunt dla następnych odważniejszych kroków. W postaci zorganizowanej, na początku ubiegłego stulecia, uformował się na jego podstawach myślowych nowy ruch kontestacyjny New Age, który wprawdzie przejął swą nazwę po masonerii, ale nadał jej całkowicie nowe znaczenie. Rościł on, bowiem sobie prawo do bycia nową, globalną, alternatywną w stosunku do chrześcijaństwa formą stylu życia i duchowości, nieprzypadkowo nazywaną czasem przez jej zwolenników „religią globalnej wioski". Jej częścią składową stała się również ideologia ekologiczna, ze swoją nową wizją świata, która doprowadziła do ubóstwienia ziemi i całej przyrody, a ze zwierząt uczyniła równoprawne ludziom w godności byty. Na tym tle łatwiej można zrozumieć pojawienie się genderyzmu, który niejako wieńczy wszelkie antychrześcijańskie dążenia do stworzenia nowoczesnej, laickiej cywilizacji ludzkiej bez Boga. Jego skuteczność i determinację mierzy się legalizacją związków jednopłciowych przez poszczególne systemy państwowe, które stają się znakiem wyróżniającym nowej tendencji wdrażanej już w życie.

We wszystkich wspomnianych zjawiskach przewijają się zawsze dwa wspólne elementy: (1) ich charakter globalny, który jest (2) budowany na alternatywnych w stosunku do chrześcijaństwa nurtach myślowych[2]. A zatem przedmiotem niniejszych rozważań będą po kolei następujące tematy stanowiące niebezpieczne wyzwania dla Kościoła: masoneria, New Age, ekologia, genderyzm i legalizacja związków jednopłciowych. Kościół katolicki zajął wobec nich jednoznaczną postawę, którą prezentujemy poniżej.

Wszystkie przedłożone tu rozważania były już publikowane wcześniej, najpierw na mojej własnej stronie internetowej „jakatolik.com" (Ja katolik/Teologia (dla) zwykłego zjadacza chleba), oraz na portalu katolickiego serwisu internetowego prowadzonego przez Fundację Konferencji Episkopatu Polski, „opoka.org.pl", w ramach artykułów „czytelni", pod moim nazwiskiem. Oprócz tego, niemal wszystkie artykuły ukazywały się przez kilka lat drukiem w archidiecezjalnym miesięczniku polskim, „Katolik", wydawanym przez Archidiecezję Chicago. Niestety miesięcznik ten po ośmiu latach swego istnienia z racji finansowych został zamknięty, w lutym 2013 roku. Dziś przyszedł czas, aby opublikować wszystkie artykuły w jednej całości, pod wspólną nazwą: „Katolik w globalnym świecie. Niebezpieczne wyzwania

---

[2] Całkiem świadomie pomijam tu marksism i leninzm, jako jedną z pierwszych form globalnego, alternatywnego budowania świata bez Boga, ponieważ, w przeciwieństwie do omawianych tutaj zagadnień, był on umiejscowionym i społecznie jawnym zjawiskiem, który historycznie się skompromitował i zużył, pokazując katastrofalne skutki swego totalitaryzmu (narzucania środkami prawno-administracyjnymi jednolitej ideologii na całe społeczeństwa). Ponadto, wielu katolikom historyczny problem marksizmu i leninizmu nie jest już dziś aż tak potrzebny dla lepszego zrozumienia ich wiary, natomiast problemy omawiane w tej książce – na pewno tak. Jednakże trzeba z kolei słusznie zauważyć, że genderyzm okazał się nowym dzieckiem-potworkiem marksizmu.

ideologii". Jako taki, będzie to pierwszy tom z serii: „Ja katolik/Teologia (dla) zwykłego zjadacza chleba", który pragnę tą książką zainicjować.

Poszczególne tematy książki próbuję przedstawić językiem jak najbardziej zrozumiałym dla zwykłego zjadacza chleba, w myśl mojej dewizy duszpasterskiej: „krótko, rzeczowo i na temat", pomijając niepotrzebny balast języka ściśle naukowego, oraz nadmiar przypisów mogących tylko rozpraszać czytelnika. W tym ostatnim przypadku ograniczam się jedynie do wyjaśnienia najistotniejszych informacji dotyczących fachowych, filozoficznych terminów, których nie da się zastąpić innym bliskoznacznym słowem. To usprawiedliwia też pojawienie się na końcu książki niezastąpionego słownika tych wyrazów. W całym moim przedsięwzięciu chodzi o to, by zwykły chrześcijanin spotkany na ulicy i zapytany o problemy poruszane w tej książce, otrzymał garść najpotrzebniejszych informacji do wyrażenia swej opinii, zgodnie z jego światopoglądem chrześcijańskim i nauką Kościoła katolickiego. Nie jest to, zatem, pozycja ściśle naukowa, ale raczej popularno-naukowe rozważania apologetyczne (obronne) mające pomóc każdemu katolikowi w uporządkowaniu jego wiadomości w tej nowej, nieznanej jeszcze do końca materii.

Nie znaczy to, że zostawiam czytelnika tylko z moimi rozważaniami. Mimo iż pomijam źródłowe przypisy, jednak na końcu każdego omawianego tematu podaję podstawową literaturę przedmiotu tak, by czytelnik mógł się zorientować co do stanu badań poszczególnych problemów, szczególnie tych w języku polskim, i ewentualnie, jeśli pozwolą mu na to czas i chęci, by on sam mógł dalej zgłębiać tajniki poruszanych zagadnień.

Na zakończenie chciałbym podziękować ks. Andrzejowi Siemieniewskiemu, biskupowi Diecezji Legnickiej i profesorowi na Papieskim Wydziale Teologicznym we Wrocławiu, któremu jest znana dobrze problematyka religijnych zagrożeń współczesnej cywilizacji, z racji jego wielu publikacji. Samą książkę dedykuję pani Kazimierze Rudnickiej, mojej byłej parafiance z parafii Miłosierdzia Bożego w Oławie, której w ten sposób dziękuję za wieloletnią przyjaźń i pomoc w wielu moich przedsięwzięciach pastoralno-pisarskich. Kończę słowami dwunastowiecznego mnicha cysterskiego, pod którymi podpisuję się obydwiema rękami:

Ks. Dr Ryszard Groń

„Jeśli komuś coś da lektura tej książki, niech złoży dzięki Bogu i prosi Chrystusa o zmiłowanie się nad moimi grzechami. Jeśli natomiast to, co napisałem, wyda się komuś zbędne i niepotrzebne, niech wybaczy mojemu losowi, który skłonił mnie do poddania się temu strumieniowi moich myśli, jakie zawarłem w tych rozważaniach".

(Aelred z Rievaulx, *Przyjaźń duchowa*, tłum. M. Wylęgała, wyd. Antyk, Kęty 2004, 16).

Ks. dr Ryszard Groń

Chicago, 8 grudnia 2021 roku

Uroczystość Niepokalanego Poczęcia Najświętszej Maryi Panny

Literatura przedmiotu:

Eloy Bueno de la Fuente, *Cristianofobia? La polemica anticristiana, tan antigua y tan nueva*, wyd. Monte Carmelo, Burgos 2012.

Uniwersalizm chrześcijaństwa wobec alternatywnych propozycji współczesności, red. Robert T. Ptasznik, Marek Piwowarczyk, wyd. KUL, Lublin 2012.

Marguerite A. Peeters, *Globalizacja zachodniej rewolucji. Kluczowe pojęcia, mechanizmy działania*, wyd. Sióstr Loretanek, Warszawa 2010.

1

Ruch masoński

Ruch masoński, niegdyś wielki wróg Kościoła, wydaje się być dziś w zastoju i nieszkodliwy. Co więcej, po Soborze Watykańskim II (1962-1965), kiedy w ogóle Kościół otworzył się na świat oraz na inne ruchy społeczno-religijne, wielu katolików myśli, że jest nawet możliwy dialog z ideami humanistycznymi, które ruch ten reprezentuje w ramach jego systemu wartości. Zaraz też po Soborze padła propozycja ze strony organizacji masońskich, by w obecnej dobie wobec nieaktualności wielu spornych kwestii, spisać do historycznego lamusa nieprzyjazne w stosunku do nich orzeczenia Stolicy Apostolskiej (Deklaracja z Lichtanau, 1970). I tak np. zdezaktualizowała się sprawa kremacji zwłok ludzkich, która kiedyś była czytelnym znakiem sprzeciwu masonerii wobec wiary Kościoła w zmartwychwstanie ciał. A swoją drogą, i tak przecież cały świat, zgodnie z ogólną, laicką tendencją globalnych przemian, przybiera dziś coraz bardziej świeckie oblicze tak bliskie ideom humanistycznym reprezentowanym przez ruch masoński.

Czyż więc Kościół katolicki rzeczywiście spuścił z tonu i w ramach ogólnej tendencji dialogowej ze światem nie widzi już w masonerii zagrożenia dla swej działalności? Czy masoneria, pierwsza chyba w historii tzw. Zachodniej cywilizacji uporządkowana próba alternatywnego w stosunku do chrześcijaństwa, globalnego myślenia, jest jeszcze problemem dla Kościoła? Odpowiedź była, jest i będzie zawsze pozytywna dopóki organizacja ta istnieje i działa, bowiem jej zagrożenie wynika z podstaw filozoficznych (myślowych), na jakich się osadza. Sprawę dodatkowo pogarsza fakt jej tajemnej, elitarnej struktury, do której drogę torują zróżnicowane stopnie wtajemniczenia ukształtowane na przestrzeni dziejów.

Wolnomularze i loże masońskie

Nazwę masonerii dał w średniowieczu ruch rzemieślników specjalizujący się w budowie romańskich katedr. Z początku tworzyli ją duchowni z racji rzadkiej wtedy umiejętności czytania, pisania i rachowania, jaką z reguły się odznaczali. Z czasem, kiedy liczba zleceń budowlanych była zbyt duża, dopuszczono do niej świeckich rzemieślników. W XIV wieku styl architektoniczny uległ znacznym zmianom ustępując miejsca gotykowi. Liczba świeckich rzemieślników przewyższyła już znacznie duchownych przyczyniając się do zawiązania cechu wykwalifikowanych i wykształconych wolnych murarzy (ang. *freestones masons*), nazwanych w ten sposób dla odróżnienia od zwykłych murarzy. Stąd też wzięła się polska nazwa *wolnych murarzy* czy jak było w staropolskim *wolnomularzy*. Założyli oni wtedy międzynarodową sieć zwaną Bractwem Kamieniarzy. Powstanie reformacji (1517) oraz wojna trzydziestoletnia (1618-1648) przyniosła zanik budownictwa sakralnego (gotyku), a tym samym zmianę charakteru bractw kamieniarskich, które szczególnie na Wyspach Brytyjskich nie miały już nic wspólnego z konkretnym budownictwem. W duchu humanizmu właściwego dla Oświecenia (XVII-XVIII wiek), a poniekąd w opozycji do nauki Kościoła, skupiło się ono na człowieku i na formacji duchowo-spekulatywnej, czerpiąc z filozofii gnostyckiej[3] i okultystycznej[4]. Ich szeregi zaczęli zasilać szlachcice i mieszczanie, tzw. przybrani masoni (*accepted masons*) nie mający nic wspólnego z rzemieślnictwem. Tu mogli dyskutować nad swoimi sprawami biznesowymi i czerpać z nowych nauk. Bractwa te, działające teraz pod nazwą *lóż* (ang. lodge), oznaczających miejsce ich zgromadzeń, stały się pewnego rodzaju elitarnymi klubami dżentelmenów, uczonych ludzi wolnego ducha,

---

[3] Gnostycyzm (z gr. *gnosis*, wiedza), nurt religijny zrodzony w II wieku głoszący uwolnienie w człowieku pierwiastka duchowego z jego materialnego zniewolenia, poprzez uzyskanie tajemnej wiedzy (drogą medytacyjnego oświecenia) o Bogu i o przeznaczeniu człowieka; odrzucano fakt wcielenia Chrystusa i Jego dzieła „zbawienia ciała".

[4] Okultyzm (z łac. *occultus*, ukryty), doktryna zakładająca istnienie i wykorzystywanie dla własnych celów sił tajemnych w człowieku i w naturze; jest on szczególnie obecny w relgiach Wschodu i gnostyckich wierzeniach.

gdzie każdy wtajemniczony, w imię powszechnego braterstwa, mógł znaleźć swoje miejsce.

Współczesna masoneria i templariusze

Znaczenie lóż masońskich wzrosło po pożarze Londynu w 1666 roku, kiedy to konkretna wiedza architektoniczna (niekoniecznie spekulatywna) starych bractw była najbardziej pożądana. W konsekwencji tych wydarzeń, 24 czerwca 1717 roku, w uroczystość narodzenia św. Jana Chrzciciela (obranego przez masonów za patrona), cztery loże wolnomularskie Londynu i Westminsteru utworzyły pierwszą Wielką Lożę Angielską / Wielka Loża Londynu/, pod przewodnictwem Wielkiego Mistrza Anthony Sayera († 1742). Data ta jest uważana za oficjalny moment powołania współczesnej masonerii, która zaraz szybko zyskała rozgłos w życiu społeczno-politycznym Europy i USA. Po koniec XVIII wieku było już 450 lóż z 27 tys. osób, obecnych w całej Europie, a nawet w pozaeuropejskich koloniach.

Niektórzy historycy (Ch. Ramsay, J. Robinson) twierdzą, że spekulatywny charakter masonerii jest związany z upadkiem potężnego i bogatego Zakonu Templariuszy zlikwidowanego, w wyniku chciwości króla francuskiego Filipa IV, przez papieża Klemensa V, w 1307 roku. Zbiegli przed torturami i spaleniem na stosie nieliczni mnisi mieli znaleźć schronienie u władcy szkockiego Roberta I Bruce (†1329). Choć nie wszyscy przychylają się do tej teorii, faktem jest jednak, że masoneria w historycznym swym rozwoju przyjęła kilka głównych nurtów, w którym wyróżnia się loża szkocka, najbardziej rozbudowana i bogata w ryty oraz symbolikę.

Loże różnicowały się doktrynalnie i kulturowo w zależności od kraju i wpływów filozoficznych, jakim podlegały. Były loże niemieckie i skandynawskie, które miały elementy doktryny i symboliki chrześcijańskiej, jednak wybijały się te zwalczające Kościoł i jego doktrynę. Najbardziej wrogie i ateistyczne, wbrew pierwotnym ideom ruchu, okazała się Grand Orient de France (1736 reaktywowana w 1773), która przygotowała duchowe podstawy Rewolucji Burżuazyjnej w 1789 roku, oraz loże włoskie, które razem dążyły do zniszczenia katolicyzmu i papiestwa.

Nauka masonerii

Naukę masońską nazywa się „sztuką królewską", odnosząc ją do architektury, z której zrodziły się bractwa kamieniarskie, oraz do alchemii[5], wiedzy tajemnej starożytności, na którą zaczęli powoływać się masoni szukając swej antycznej genezy. Obydwie dziedziny były uważane kiedyś za nauki najwyższego stopnia, więc królewskie. Z architektury czerpie się symbol kamienia (*mason*) do oszlifowania, jakim jest dzieło samodoskonalenia się człowieka i jego wkład w budowę nowego społeczeństwa bez udziału łaski Bożej, bowiem człowiek z natury jest dobry.

Wprawdzie wszyscy masoni odwołują się do napisanej w 1723 roku przez James'a Andersona masońskiej konstytucji, tzw. *Stare Obowiązki* (*The Constitutions of the Free-Mason*), to jednak trzeba mieć na uwadze, że przeszła ona wiele przeróbek i z reguły jest odczytywana w liberalnym[6] i deistycznym[7] duchu Oświecenia. Konstytucja masońska nakazuje szanować prawo moralne i być wierzącym, w sensie przestrzegania tego, w co wszyscy wierzą, a więc: bycia dobrym, szczerym, skromnym

---

[5]   Alchemia (z arabsk. *al'chimija*, łączyć, stapiać), starożytna praktyka preparująca mieszanki chemiczne w celu odkrycia przepisu zamiany ołowiu w złoto (tzw. kamień filozoficzny), lekarstwa na wszelkie choroby (panaceum) i eliksiru nieśmiertelności; powstała w starożytnym Egipcie i na Wschodzie, zyskała popularność na Zachodzie w XVI wieku (Paracelsus), będąc wiązana z mistycznym okultyzmem.

[6]   Liberalizm (z łac. *liberalis*, wolnościowy), zrodzona w epoce Oświecenia (XVII – XVIII wiek) ideologia, według której wolność jest nadrzędną wartością o charakterze indywidualistycznym (w skrajnej formie utożsamianej z egoizmem), wobec nadużyć absolutnej władzy i feudalnego porządku średniowiecza; w swej pozytywnej formie sprzyja demokracji, prawom obywatelskim i własności prywatnej, jednak jego trzon doktrynalny ma zabarwienie ateistyczne zmierzając do wyzwolenia się również od wpływu Boga i Kościoła.

[7]   Deizm (z greck. *deus*, bóg), pogląd oświeceniowy niektórych filozofów (J. Locke, D. Hume, J. Voltaire, D. Diderot) uznający istnienie bezosobowego boga, bez specjalnego objawienia Bożego (w Piśmie Świętym), lecz na zasadzie naturalnej rozumowej zdolności umysłu ludzkiego, rozumianego jako konstruktora mechanizmu świata i jego praw, w które on już więcej nie ingeruje.

Ks. Dr Ryszard Groń

i honorowym, niezależnie od wyznania i pochodzenia. Punktem odniesienia jest tu symbol tzw. Wielkiego Budowniczego Wszechświata (Great Architect of the Universe), zanegowany przez loże ateistyczne (nie mające odniesienia do Boga) i agnostyckie (uważające, że Boga żadną miarą nie da się poznać) Francji i Włoch. Wielki Budowniczy, wszakże stwórca i opiekun świata, nie jest jednak utożsamiany z żadnym bóstwem poszczególnych religii, ale raczej je wszystkie zawiera. Jego praktyczne znaczenie polega na byciu nadrzędną zasadą rozumową konieczną dla moralnego prowadzenia się ludzi na wysokich stanowiskach. Nie znaczy też, by był on obiektywną zasadą prawdy, dobra i piękna, raczej jest symboliczną miarą możliwości rozumu człowieka, bowiem to właśnie człowiek jest miarą wszystkich rzeczy.

W moralności i poznaniu panuje relatywizm sytuacyjny (moralność zależna od danej sytuacji) i naturalizm racjonalny (oparcie poznawcze o naturalne władze rozumu i zmysłów, bez odniesienia do transcendencji), każący szanować każdy pogląd, stąd idee tolerancji, wolności, równości i braterstwa urastające do rangi najwyższych wartości kształtujących powszechne braterstwo. Z elementów okultystycznych (tajemnych nauk z pogranicza magii) należy wymienić panteizm emanacyjny o podłożu spirytystycznym (tzn. wszystko pochodzi od jednego bóstwa na zasadzie jego emanacji od najczystszej formy duchowej do najdalszej postaci materialnej) usprawiedliwiający reinkarnację (wędrówkę dusz), oczywiście nie przez wszystkich uznawaną.

Ryty i symbolika

Masoneria kładzie największy akcent na etyczny element doskonalenia się człowieka w świecie w imię powszechnego braterstwa, bez udziału Boga, ale za pomocą tajemnych rytów i symboliki, czerpiąc z tradycji okultystyczno-chrześcijańskiej. Chodzi tu o drabinę stopni wtajemniczania, czyli wznoszenia się w kierunku coraz to większej doskonałości ludzkiej, otoczonej niegdyś nimbem tajemniczości, która dawała powody, by oskarżać masonów o spiskowe teorie i elitarne wpływy na losy świata. Najniższymi szczeblami tej drabiny były stopnie związane z tzw. masonerią świętojańską (od św. Jana Chrzciciela, patrona masonów): ucznia, czeladnika i mistrza. Towarzyszyły temu rytuały, odpowiadające stopniom poznania i cnotom, tak bardzo czasem podobne do chrześcijańskich lub alchemicznych obrzędów. Mimo ich tajnych formuł, są one dziś znane z licznych publikacji oraz z forów internetowych.

Korzysta się przy tym z bogatej symboliki wolnomularskiej oraz legend. Każda rzecz, każde słowo i gest mają tu swoje znaczenie masońskie: rysownica, kątomierz, cyrkiel, świątynia, piramida, oko wpisane w trójkąt, ołtarz, stoły, Biblia, Koran, Kabała[8], Jezus Chrystus, Dawid, Salomon, dywan, trumna, fartuch, czaszka, gałązka akacji. Jest nawet słynna legenda Hirama, pochodząca z ustnego podania o judejskim królu Salomonie, która tłumaczy istnienie tajemniczego hasła znanego tylko mistrzowi.

W ramach kursów dokształceniowych w sztuce królewskiej istnieje dziesięciostopniowy ryt amerykański zwany „Ryt Yorku", albo trzydziestodwustopniowy „Ryt Szkocki Dawny i Uznany", zwany też „czerwoną masonerią", która prowadzi do etapu Suwerennego Wielkiego Inspektora.

Masoneria a Kościół

Trudno mówić o jakiejś strukturze współczesnego wolnomularstwa. Brak tu jakiejkolwiek globalnej centrali. Zwornikiem jednoczącym są wspólnie uznane pisma, z określonym światopoglądem typowo świeckim, oraz tradycyjne ryty sprawowane przez lokalne loże. Szerzona przez nie alternatywna świecka duchowość, nierzadko antyklerykalna, wywierała w historii zgubny wpływ, tym bardziej niebezpieczny, że wielu masonów odgrywało twórczą rolę w kulturze i polityce. Wystarczy wspomnieć np. Mozarta, Washington'a, Robespierre'a, Garibaldiego, Trockiego, Goethego, Voltaire'a, czy Rousseau, którzy wyznaczyli wprost kierunek swoim czasom. Dziś, w obliczu globalnej sekularyzacji, idee wolnomularskie (doskonałej ludzkości, obywateli świata z synkretyczną religią i relatywistyczną moralnością) zdają

---

[8] Kabała (z hebr. *kaballah*, otrzymywanie, tradycja), wyrosła w X (i XIII) wieku w diasporze żydowskiej (na terenach Europy, gdzie osiedlali się Żydzi), tajemna wiedza mistyczno-filozoficzna judaizmu opierająca się o poglądy gnostyckie i symbolikę liczb.

się świetnie współgrać z postulatami New Age, przyczyniając się do dechrystianizacji Europy i świata.

Kościół od początku istnienia masonerii zdał sobie sprawę z jej niebezpieczeństwa, tym bardziej zgubnego, że na przestrzeni dziejów nie brakowało w jej organizacji wielu duchownych, a nawet biskupów. Stolica Apostolska aż do dziś poświęciła jej niemal 600 dokumentów, w którym wyjaśnia jej zgubną i szkodliwą doktrynę ostrzegając przed nią wierzących. Już w 1738 roku papież Klemens XII potępił masonerię, a po nim piętnowali ją kolejni papieże. Trzeba wspomnieć tu słynny *Sylabus* Piusa IX (1864), który wykazuje jego konkretne błędy: panteizm[9], naturalizm[10], racjonalizm[11], indyferentyzm[12] (deizm) i liberalizm. W tym samym tonie potępienia wyraża się Kodeks Prawa Kanonicznego z 1917 roku (kan. 2335).

Ostatecznie Kościół nie zmienił swego stanowisko nawet po słynnym Soborze Watykańskim II, który był tak dialogowo nastawiony do „wszystkich ludzi dobrej woli". Rozmowy Episkopatu Niemieckiego, pod przewodnictwem kard. F. Königa, z przedstawicielami masonerii, w 1970 roku, pozwoliły gruntownie poznać ich doktrynę, naukę moralną i filozoficzną. W jej wyniku Stolica Apostolska podtrzymała swoje dotychczasowe stanowisko, zakazując przynależności katolików do

---

[9]   Panteizm, (z greck. *panta theos*, wszystko bóg), pogląd filozoficzny uznający istnienie (bez)osobowego boga jako zasadę sprawczą (on stworzył świat), materialną (on sam jest jego materiałem na zasadzie emanacji od istnień duchowych do materialnych) i ożywczą (jest on niejako duszą ożywiającą) całego istniejącego wszechświata.

[10] Naturalizm (z łac. *natura*), pogląd filozoficzny uznający istnienie jedynie świata materialnego (natury, której pochodną jest również świat duchowy, kiedy się go uznaje), bez zewnętrznej racji istnienia w Bogu, a wyłącznie na zasadzie działania praw natury.

[11] Racjonalizm (z łac. *rationalis*, rozumny, rozsądny), teza światopoglądowa zrodzona w XVIII wieku (I. Kant), według której przyjmuje się za pewniki prawdy dające się rozumowo (logicznie i doświadczalnie) uzasadnić, nawet te dotyczące wiary; pod tym względem ma wiele wspólnego ze świeckim humanizmem.

[12] Indyferentyzm (z łac. *indiferus*, obojętny), pojęcie zastępcze deizmu, wskazujące na obojętność boga wobec toczącego się losu świata, którego on tylko stworzył i puścił w ruch, a którym się więcej nie interesuje; ogólnie może oznaczać obojętność na rzeczy religijne w obliczu zeświecczenia świata.

stowarzyszeń masońskich. Znalazło to wyraz w deklaracji Kongregacji Nauki Wiary z 1981 roku, w kanonie 1374 Kodeksu Prawa Kanonicznego z 1983 roku, uzupełnionego notą ówczesnego prefekta Kongregacji kard. J. Ratzingera.

Masoneria w Polsce

Wolnomularstwo ma również swój polski wydźwięk. Pierwsze loże masońskie w Polsce powstały w latach dwudziestych XVIII wieku. W 1781 roku złączyły się polskie i litewskie loże pod nazwą Wielkiej Loży Narodowej Wielkiego Wschodu Polski, będące pod wpływem Wielkiej Loży Londynu. Jej Wielkim Mistrzem był Ignacy Potocki, a należał do niej również król Stanisław August Poniatowski. Loża ta brała aktywny udział w pisaniu Konstytucji 3 maja 1791 roku, a potem w Insurekcji Kościuszkowskiej (w jej skrajnej francuskiej, tj. antykościelnej postaci), w 1794 roku. Jedynie pod zaborem rosyjskim loże działały legalnie przyczyniając się, z jednej strony do szerzenia oświaty (powstał m. in. Uniwersytet Warszawski), a z drugiej, do likwidacji zakonów. W 1831 roku car zawiesił działalność masonerii za jej udział w powstaniu listopadowym.

Wolnomularstwo zostało reaktywowane w 1920 roku, jednak znów potem rozwiązane w 1938 roku, przez Ignacego Mościckiego, za działalność antypaństwową i antykościelną. Praktycznie loże masońskie nie działały w okresie powojennym, aż do ich reaktywowania w 1991 roku, i to zarówno tych z genezą angielską (umiarkowaną), jak i francuską (antyklerykalną).

Epilog

W 1917 roku przebywał w Rzymie na studiach o. Maksymilian Maria Kolbe i widział na własne oczy demonstracje antychrześcijańskie organizowane przez masonów, z okazji rocznicy spalenia na stosie Giordano Bruno. W procesji przed Watykanem wywieszono transparent, w którym przedstawiono św. Michała Archanioła pod stopami triumfującego Lucyfera, z mieczem wymierzonym w Michała Archanioła. Następny transparent głosił: „Szatan będzie rządził na

Watykanie, a papież będzie jego gwardią szwajcarską". W tym samym czasie włoscy masoni zaintonowali *Hymn do szatana*, autorstwa G. Carducciego, mówiący o buntowniku obalającym korony i mitry. To właśnie wtedy zrodziła się w młodym franciszkaninie idea modlitwy za masonów, która zaowocowała w założeniu Rycerstwa Niepokalanej (Militia Immaculatae), dzieło które pobłogosławił papież Benedykt XV w 1918 roku. Z początku należeli do niego sami franciszkanie, a po uzyskaniu statusu „Arcybractwa" (1927) dołączyli doń ludzie świeccy z całego świata. I tak jest po dziś dzień: miliony ludzi na całym świecie, oprócz innych celów misyjnych arcybractwa, na życzenie ojca Maksymiliana Kolbego, modlą się o nawrócenie masonów.

Literatura przedmiotu:

Jakub Szymański, *Masoneria przeciw Kościołowi*, Wydawnictwo Fronda, Warszawa 2012.

Stefan Meetschen, *ABC masonerii*, Wydawnictwo Sióstr Loretanek, Warszawa 2012.

Zbigniew Suchecki, *Kościół a masoneria*, Wydawnictwo Salvator, Kraków 2008.

2

New Age

Współczesny świat, przy obecnym poziomie postępu techniczno-technologicznego człowieka, gdzie system wszelkiej komunikacji umożliwia niemal natychmiastowy przepływ i wymianę informacji i o wiele szybszą formę przemieszczania się z jednej półkuli ziemi na drugą, został już w zeszłym stuleciu nazwany zjawiskiem „globalnej wioski" (H. Marshall McLuhanem, *The Gutenberg Galaxy*, Toronto 1962). New Age, wielki ruch społeczno-kulturowy, który w swym założeniu nosi tendencje unifikacyjne wszelkich przejawów ludzkiego myślenia i działania, szczególnie tego niegdyś pomijanego z pogranicza tzw. paranauki[13], widziałby się tu zapewne w roli swoistej uniwersalnej religii lub duchowości. Takie też zadanie wyznaczają mu jego poszczególni guru zbierając eklektycznie[14] (wszystko do jednego worka) zdobycze ludzkiego ducha poprzednich pokoleń, gdziekolwiek by one były, by zastąpić nimi dotychczas panujące chrześcijaństwo. Z reguły odnoszą się do tego ostatniego z wielką nieufnością, ponieważ, w ich mniemaniu, stawia ono niedostępny, łaskawy próg moralno-duchowy oraz wynikający z niego ustalony porządek społeczny, podporządkowany instytucji państwa i poniekąd Kościoła. New Age widzi ostatecznie w Kościele przyczynę skostnienia duchowego, które dyskredytuje chrześcijaństwo jako religię wolnego ducha i prowadzi do dekadencji całą dotychczasową cywilizację tzw. Zachodu, któremu ono niegdyś przewodziło.

---

[13] Paranauka (z greck. *para*, przy, obok, poza czymś), wiedza z pogranicza nauki (racjonalnej) zawierająca elementy nienaukowe, bowiem przyjmuje teorie i hipetezy nie mające odpowiedniego uzasadnienia racjonalnego; jako taka, stoi poza oficjalnym nurtem naukowym, jednak niektórzy naukowcy czerpią z niej pomysły i hipotezy robocze.

[14] Eklektyzm (z greck. *eklektikos*, wybierający), łączenie w jedną, z reguły niespójną, całość różnych teorii, koncepcji i pojęć czerpanych z wielu różnodnorodnych kierunków filozoficznych, systemów i doktryn.

Jaka jest prawda o New Age i czy może przejąć ono rolę lidera kształtującego los przyszłej cywilizacji w miejsce dotychczasowego chrześcijaństwa? Są to pytanie tym bardziej na miejscu, że od kilkudziesięciu lat jakakolwiek sfera ludzkiej aktywności, chcąc nie chcąc, zawsze ociera się o zagadnienie związane z New Age.

Spod znaku Wodnika

Chyba najtrafniej na pytanie: czym jest new age? odpowiada idea kryjąca się pod znakiem zodiaku Wodnika, który dziś na ogół, oprócz tęczy i trójkąta z półkolistym wschodzącym słońcem po jego prawej stronie, je symbolizuje. Jej twórcy, Paul Le Cour, pewnie się nawet nie śniło, że kilkadziesiąt lat później jego astrologiczno[15]-ezoteryczna[16] teoria stanie się transparentnym znakiem całego późniejszego ruchu kontestującego zastany poziom cywilizacyjny, postulując nowy porządek świata. Otóż ten francuski ezoteryk (zwolennik nauk tajemnych), w 1937 roku wydał książkę, pt. *Era Wodnika* (*L'ere du Verseau*), w której starał się wykazać, że istnieją wzajemne zależności pomiędzy fazą Zodiaku, w jakiej w danym momencie znajduje się Słońce, a panującymi w tym właśnie okresie na Ziemi ideologiami, religiami, czy hierarchią wartości. Doszedł do wniosku, że planeta Ziemia mniej więcej co 2000 lat przechodzi różne fazy cywilizacyjne w zależności od tego, pod wpływem jakiego znakiem Zodiaku akurat się znajduje. I tak przekonywał, że kiedy Słońce znajdowało się w fazie znaku Byka (4320-2160 przed Chr.) w licznych miejscach Ziemi: Egipcie, Asyrii czy Babilonii, panowały religie związane właśnie z kultem byka. W następującym po nim dwutysiącleciu Słońce przeszło w fazę znaku Barana, co oznaczało wpływ religii mojżeszowej, wyrażonej w ofierze Abrahama, czy w wierzeniach Egiptu i Babilonii z ich elementami kultu

---

[15] Astrologia (z greck. *astros logos*, wiedza o gwiazdach), zbiór wierzeń i wróżb, które ustalają i przewidują sytuacje osób i ziemskich wydarzeń w oparciu o układ gwiazd związany z datą ich narodzin, czyli z tzw. znakiem Zodiaku. Kosciół ofiacjalnie potępił astrologię jako niebezpieczny przesąd w 1586 roku.

[16] Ezoteryzm (z greck. *esoterikos*, wewnętrzny), wiedza tajemna związana często z duchowymi doznaniami pozazmysłowymi, dostępna tylko dla wtajemniczonych; synonim okultyzmu, z pominięciem magi i satanizmu, którymi ten ostatni się zajmuje.

Ks. Dr Ryszard Groń

barana. Od początku naszej ery do mniej więcej naszych współczesnych czasów Słońce znajdowało się pod znakiem Ryb, który odpowiadał cywilizacji chrześcijańskiej. Właściwa dla tego znaku „skłóconych braci" cywilizacja wyróżniała się nierównościami, niewolnictwem, rywalizacją, eksploatacyjną polityką człowieka względem natury, brutalnym podbojem kultur pozaeuropejskich, porządkiem patriarchalnym, brakiem tolerancji, autorytatywnością itp.

W obecnym czasie dokonuje się istotne przejście w nową fazę Słońca pod znakiem Wodnika, w której nastąpi koniec panowania chrześcijaństwa i nastanie nowa era (New Age). Tu wreszcie zaczną dominować nowe wartości holistycznej[17] (całościowej) harmonii ludzkiej kultury z całą naturą, pokoju i tolerancji, pozwalając dojść do głosu wszystkim sferom ducha dotychczas zakazanym lub nieznanym.

Narodziny New Age

Oczywiście Paul le Cour pisząc te słowa, nie był całkowicie bez „nowej wiedzy", która już w zeszłym stuleciu i również w jego czasach była obecna w środowiskach pozachrześcijańskich. Chodziło tu o wiedzę z zakresu okultyzmu, ezoteryzmu i gnostycyzmu, która nie mieściła się w ramach ortodoksyjności judeochrześcijańskiej stanowiącej dotychczasowe fundamenty cywilizacji Zachodu, obecne jednak zawsze na uboczu oficjalnego nurtu. W mniemaniu ich liderów, wobec niedomagań chrześcijaństwa, właśnie one stały się teraz poważną alternatywą dla nowych rozwiązań cywilizacyjnych. Stąd propozycja teozoficzna[18] Paul le Cour odwołująca się do tych rozwiązań.

---

[17] Holizm (z greck. *holos*, cały, zupełny), pogląd filozoficzny głoszący nadrzędność całości w stosunku do części oraz niesprowadzalność całości do sumy części; tezę tę po raz pierwszy wyraził J. Christiaan Smuts (+ 1950) uważając, że determinacyjnymi czynnikami w naturze są „całości", których nie da się sprowadzić do sumy ich części.

[18] Teozofia (z greck. *theos*, bóg, *sofia*, mądrość), historycznie ruch religijno-filozoficzny zapoczątkowany przez H. Bławatską (1875), inspiriwany wpływami wielkich religii Wschodu, głównie hinduizmem, zgodnie z którym jest możliwy bezpośredni kontakt z absolutem, światem duchowym i hierarchią istot rządzących całą rzeczywistością; dziś ma charakter okultystyczny, chcąc podać techniki bezpośredniego jednoczenia się z boskością.

Znana była mu działalność Towarzystwa Teozoficznego założonego przez Helenę Bławacką (1875), spopularyzowanego pół wieku później przez Alice Bailey. Będąc pod przemożnym wpływem religii Wschodu, Bławacka i jej Towarzystwo postulowało nowy jednolity porządek religijno-społeczny świata, wskazując na wspólny rdzeń wszystkich religii, dyskredytując jednak chrześcijaństwo, czemu miało służyć odwoływanie się do symboliki satanistycznej, spirytyzmu[19], alchemii i magii. Zakwestionowało również patriarchalny porządek swiata, sankcjonowany przez judaizm, chrześcijaństwo i islam, z ich „męskim" Bogiem, który zniewalał kobiety, proponując w zamian cieplejszy wizerunek żeńskiej bogini matki hinduizmu i praktykowanie cnót kobiecych. Idee te przejęła później Annie Besant, która stała na czele ruchu feministycznego.

W międzyczasie do głosu zaczęły dochodzić elementy religii Wschodu i pogaństwa z ich atrakcyjnymi sposobami medytacji, mającymi na celu w miarę szybko doświadczyć boskiej mocy ukrytej w każdej jednostce ludzkiej. Do tego należy dołączyć zainteresowanie tzw. nową psychologią jaźni (psychoanalizą[20]) w wydaniu Z. Freuda i jego ucznia Carla G. Junga, oraz ich następców, wraz pogańskimi wierzeniami związanymi z kultem Ziemi (Gaji), namiastką przyszłych zainteresowań ekologicznych. Te wszystkie elementy stały się poważnym zaczynem dla późniejszego rozkwitu tego, co dziś nazywa się New Age. Okropności dwóch światowych wojen, systemy totalitarne, degradacja środowiska naturalnego, alienacja (wyobcowanie) człowieka w wielkomiejskich środowiskach, dolały już tylko oliwy do ognia świadcząc, w mniemaniu kultury alternatywnej, o wypaleniu się chrześcijaństwa.

Do szybkiego spopularyzowania idei New Age w latach sześćdziesiątych i siedemdziesiątych ubiegłego stulecia przyczyniły

---

[19] Spirytyzm (z łac. *spiritus*, tchnienie, dusza), wiara w możliwość porozumiewania się ze zmarłymi na seansach spirytystycznych za pośrednictwem specjalnego medium; ruch zrodzony w XIX wieku we Francji (H. Rivail, pseud. A. Kardec), i rozprzestrzeniony później na całą Zachodnią Europę i Amerykę Płn. dzięki działalności słynnych oszustek sióstr Fox.

[20] Psychoanaliza (z greck. *psyche*, dusza, *analis*, analiza), teoria psychologiczna Z. Freuda (+1939), pozwalająca dotrzeć w człowieku do sfery jego nieświadomości psychicznej, stosując ją następnie do leczenia i terapii zaburzeń psychicznych.

się wizyty gurów ze Wschodu przybywających do Europy i Ameryki, gdzie zakładali swoje szkoły religijne, oraz ruchy ludowe: beatników i hipisów, niezadowolone z dotychczasowego kierunku cywilizacji (tzw. kontrkultura[21]). To właśnie one w swych przesłaniach zawartych w muzyce i piosence (blues, jazz, rock) rozpowszechnianych przez radio i płyty gramofonowe docierały do szerokich mas społecznych na całym świecie.

Do prekursorów i patronów New Age należy zaliczyć kilka postaci: C. G. Jung, Rudolf Steiner, Grigorij Gurdzijew, Aleister Crowley, Aldous Huxley, Timothy Leary, itp.

Współczesne oblicze

Już to pobieżne prześledzenie historii powstawania New Age pokazuje jego oblicze, które dziś jest tylko jeszcze bardziej wzmocnione. Należy zauważyć, że nie ma ono jakiegoś centralnego ośrodka dowodzenia w postaci Kościoła wraz z ich kapłanami, świętymi księgami, rejestrowanymi członkami, bo konfesyjność jest w ich mniemaniu sprzeczna z uniwersalną kosmiczną ideą jednej „mistycznej" religii, mającej odzwierciedlenie w każdej innej. Jest to raczej ogólnoświatowy nurt duchowy zbierający w sobie wszelkie przejawy tzw. wolnego ducha, w którym każdy może się odnaleźć bez pomocy specjalnej instytucji. Jego wyznawcy i praktycy to ludzie dzielący podobne przekonania, bez względu na wyznawaną religię. Miejsce centralnej organizacji zajmują wydawnictwa, natomiast rolę kazań odgrywają seminaria, książki i nieformalne grupy skupione wokół nowych idei. Rozpiętość tego nurtu przekracza ramy zwykłego ruchu, obejmuje bowiem wszelkie dziedziny życia indywidualno-społecznego, od nauki i edukacji począwszy, poprzez medycynę, biznes, film, muzykę i sztukę, a na sprawach ściśle religijnych skończywszy. Jest to bardziej współczesna moda, idąca w parze z kontestowaniem wszelkich przejawów chrześcijaństwa.

---

[21] Kontrkultura (z łac. *kontra*, przeciwny), kultura poszczególnych grup społecznych kontestująca zastany stan rzeczy; twórcą pojęcia i poniekąd samej idei był amerykański ekolog (głębi) Theodor Roszak (1969), kontestujący cywilizację Zachodnią i jej zależność od chrześcijaństwa.

Dokument Stolicy Apostolskiej na temat New Age, z 2003 roku, wskazuje na kilka miejsc krzewienia tej kultury: Esalen, wspólnota założona w Big Sur, w Kaliforni, w 1962 roku, przez Michaela Murphy'ego i Richarda Price'a; Findhorn, holistyczna wspólnota założona przez Petera i Eileen Caddy, w 1965 roku; Monte Verita, utopijna wspólnota w pobliżu miejscowości Ascona w Szwajcarii, założona jeszcze w dziewiętnastym wieku, która od 1933 roku organizuje Konferencje *Eranos*, gromadzące niektórych z wielkich „oświeconych" New Age (zob. nr 7,3 tego dokumentu).

Jak zauważyliśmy, w skład ideologii New Age wchodzą elementy religii Wschodu, pogaństwa, ezoteryzmu, okultyzmu, magii, gnostycyzmu, teozofii, alchemii, astrologii, spirytyzmu, parapsychologii[22], wraz z ich wypróbowanymi środkami medytacji i inicjacji wprowadzającymi w tzw. fenomen ducha. Analitycy New Age mówią o istnieniu w jego ramach tzw. nowej kosmicznej duchowości, nowego paradygmatu nauki z uwzględnieniem elementu duchowego świata, oraz nowej psychologii transpersonalnej, tj. takiej, która uczy przekraczać granice osobowej jaźni (B. Dobraczyński, *New Age*, 58-88). Wszystkie one są próbą teoretycznego wyjaśnienia złożoności New Age na płaszczyźnie religijnej, (para)naukowej i psychologicznej, dając podstawy do podporządkowania naszej cywilizacji przychodzącej erze Wodnika.

Wspomniany wyżej dokument Stolicy Apostolskiej zauważa, że choć wprawdzie New Age powstawał w czasach kontrkultury lat sześćdziesiątych i siedemdziesiątych ubiegłego stulecia, to jednak po przeszło pięćdziesięciu latach niektóre jego postulaty są dziś już uznaną częścią głównego nurtu kultury, oddziaływującą na tak różne aspekty życia, jak medycyna, nauka, sztuka i religia. „Kultura Zachodu jest obecnie przepojona bardziej powszechną świadomością polityczną

---

[22] Parapsychologia (z greck. *para*, poza, *psyche*, dusza, *logos*, nauka), część składowa paranauki parająca się badaniem niewytłumaczalnych naukowo (prawami przyrody) zjawisk psychicznych (tzw. paranormalnych), takich jak: jasnowidzenie, telepatia, czy psychokineza (umysłowe oddziaływanie na rzeczy); sam termin powstał w 1889 roku (M. Dessoir) i przyjął się później dzięki pracom Laboratorium Parapsychologicznego na Uniwersytecie Duke'a w Durham w Karolinie Płn. (1930).

i ekologiczną, a cała kulturowa zmiana ma ogromny wpływ na styl życia ludzi. Niektórzy sugerują nawet, że ruch New Age jest właśnie tą najważniejszą zmianą, która miała być uznana za 'znacząco lepszy sposób życia'" (2,1).

Specyficzne punkty doktrynalne

W rezultacie powyższych filarów New Age można podać kilka elementów doktrynalnych, które go charakteryzują:

-pan(en)teistyczna (wywodząca się z prajedni kosmicznej, stanowiąc jej integralny budulec) i energetyczna (tzn. duchowa, w sensie dogłębnej świadomości pozaosobowej, stanowiąc jądro każdej istoty żywej, w przypadku człowieka jest nim tzw. Wyższe Ja) koncepcja Natury, będąca w ciągłej zależności makro-(światowej) i mikro(ludzkiej)-kosmicznej;

-zrównanie wszystkich dotychczasowych bogów, ukazując ich jako wypadkową geografii, historii i kultury, ale w roli religijnych przewodników prowadzących adeptów do uzyskania (uświadomienia sobie ich własnej) boskości;

-tworzenie tzw. nowej religii „wolnego ducha", bez dogmatów, moralności, instytucji, Boga i łaski;

-wiara w inne alternatywne byty duchowe, które podlegają wędrówce dusz, w zależności od ich zaawansowania w poznaniu „oświeceniowym" tzw. fenomenu ducha (Wyższego Ja, albo raczej doświadczenia głębszej formy świadomości, która przekracza ramy jednostkowej osobowości i daje przekonanie o jego boskości, w celu zlania się z kosmiczną prajednią, tj. Umysłem);

-okultyzm i ezoteryzm w nowym przebraniu naukowym i ekologicznym służący tu jako swoisty środek osiągania celów i szczęścia człowieka: tworzenia nowego świata bez Boga, pod egidą wszechobejmującej, energetycznej siły Umysłu.

Do współczesnych liderów New Age należy zaliczyć: Fritjof Capra, David Bohm, James Lovelock, Gregory Bateson, Joseph Campbel, Marylin Ferguson, Theodore Roszak, Stanislav Grof, Ken Wilber itp.

Chrześcijańska krytyka

Chrześcijaństwo jest świadome zagrożenia płynącego z New Age, ponieważ ruch ten od początku nie krył swej wrogości do instytucji Kościoła i jej cywilizacyjnego wytworu, widząc w nim rzekome źródło kryzysu. Pomijając fakt, że krytyka chrześcijaństwa dokonana przez New Age jest nierzetelna i bardzo stronnicza, trzeba być tu szczególnie ostrożnym, bo do konfrontacji z Kościołem ruch ten zaangażował wszystkie wspomniane wyżej kontestowane elementy kulturotwórcze, będące w sprzeczności z nauką chrześcijańską. New Age umiejętnie je wykorzystał, w dużej mierze wypełniając duchowy głód prawdy i pustkę współczesnego człowieka, na które duszpasterstwo chrześcijańskie nie było jeszcze przygotowane, by mu sprostać i ją wypełnić. To właśnie dlatego Stolica Apostolska wydała w 2003 roku specjalny dokument analizujący zjawisko New Age, ustalając wyzwania, jakie ono stanowi dla działalności ewangelizacyjnej Kościoła.

Współczesny kulturoznawca, o. Jan Andrzej Kłoczowski, wymienia kilka szczególnych niebezpieczenstw światopoglądowych New Age:

- charakteryzuje się tzw. duchowością wolnorynkową, uzależniając prawdę od widzimisię podmiotu ją wyznającego, jakby mógł ją kupić w supermarkecie;

- powraca do mitu pierwotnego dzikusa, z jego stylem życia zgodnego z boską naturą, bez Boga, jednak z pogańskimi zwyczajami i brakiem łaski;

- sama nazwa „ery Wodnika" wprowadza już element wodnistości: brak instytucji, brak tradycyjnych autorytetów i naiwna wiara nowym, niesprawdzonym autorytetom, brak jednoznacznej tożsamości;

- sprowadzenie całego wymiaru niecielesnego do psychicznego i nazwanie go duchowym, na czym oparto całą nową teorię transpersonalną (przekraczającą osobową świadomość, by zlać się z kosmiczną prajednią Umysłu, w mistycznym, tj. „oświeceniowym" poznaniu).

Stolica Apostolska o New Age

Na zakończenie, dla tych wszystkich, którzy chcą jeszcze bardziej zgłębić zjawisko New Age, polecam wspólne przyjrzenie się lekturze wyżej wspomnianego dokumentu Stolicy Apostolskiej (dokładniej: Papieskiej Rady Kultury i Papieskiej Rady ds. Dialogu Międzyreligijnego we współpracy z Kongregacją ds. Ewangelizacji Narodów oraz Papieskiej Rady ds. Popierania Jedności Chrześcijan), wydanego w 2003 roku i poświęconego właśnie zagadnieniu New Age. Nosi on tytuł: *„Jezus Chrystus dawcą wody życia. Chrześcijańska refleksja na temat New Age"*. Nie jest to łatwa lektura, jednak warta przestudiowania, by zorientować się w prawdziwie niebezpiecznym wyzwaniu dla Kościoła, jaki stanowi ta ideologia.

Na samym wstępie dokument zaznacza, że niniejsze opracowanie zachęca czytelnika do wzięcia pod uwagę sposobu, w jaki religijność New Age przemawia do duchowego głodu współczesnych kobiet i mężczyzn. Chodzi o atrakcyjność jej duchowości dla niektórych chrześcijan, która może być m. in. wynikiem pewnych osobowych zaniedbań duszpasterskich ze strony Kościoła. Skądinąd, to co oferuje New Age na ogół wychodzi naprzeciw potrzebom często niezaspokojonym przez oficjalne instytucje (*Przedmowa*, 1,1):

„Poszukiwania, które często prowadzą ludzi ku niemu, są szczerym pragnieniem: tęsknotą za głębszą duchowością, za czymś co dotknie ich serc, za drogą pozwalającą odnaleźć sens w pełnym zamętu i często odpychającym świecie. W New Age można odnaleźć pozytywny ton krytycyzmu wobec 'materializmu życia codziennego, filozofii, a nawet medycyny i psychiatrii; redukcjonizmu, który odmawia wzięcia pod uwagę religijnych i nadprzyrodzonych doświadczeń; industrialnej (przemysłowej) kultury nieograniczonego indywidualizmu, który uczy egoizmu i nie zwraca żadnej uwagi na innych ludzi, przyszłość i środowisko'. Wszelkie problemy, które są związane z New Age, dotyczą tego, co proponuje ono jako alternatywne odpowiedzi na pytania zadawane nam przez życie".

Jest to zarazem wezwanie do głębszego wniknięcia w podstawy naszej, chrześcijańskiej wiary, zakorzenienia się jeszcze mocniej w jej fundamencie, by *„zrozumieć, często niemy krzyk w sercach innych ludzi, który poprowadzi ich gdzieś indziej, jeśli nie znajdą oni zaspokojenia w Kościele"* (1,5).

Nie licząc Aneksu, Słownika pojęć i Bibliografii, cały dokument ma sześć rozdziałów. Pierwsze dwa prezentują New Age jako kulturową tendencję o wielu obliczach, proponując analizę podstawowych założeń jego myśli, a szczególnie: jego atrakcyjności, rozumienia człowieka, Boga i świata. Od trzeciego rozdziału podaje się pewne wskazówki mające pomóc w prześledzeniu tego zjawiska i porównaniu go z przesłaniem chrześcijańskim.

Pierwszy rozdział podaje ogólną refleksję dotyczącą współczesnego czasu i miejsca pojawienia się zjawiska New Age, w jego odmiennym (ateistyczno-modernistycznym) kontekście kulturowym. Drugi rozdział przegląda elementy duchowości tego nurtu.

Ciekawie przedstawia się tu **definicję** samego zjawiska New Age, nazywając ją *„luźną siecią wyznawców, których podejściem jest myśleć globalnie, ale działać lokalnie"*, bez konieczności nawet wzajemnego osobistego poznawania się. Jako taki, „łączy (on) zadziwiające spektrum ludzi związanych z głównymi celami ruchu, lecz różniącymi się pod względem sposobu zaangażowania i rozumienia poszczególnych spraw" (2, *Przegląd*).

Nowość tego ruchu, według dokumentu, wynika z Nowego Paradygmatu życia, w którym każdy gra aktywną rolę w zmianie kultury i wprowadzaniu nowej duchowej świadomości. Z tego powodu era Wodnika jest raczej wizją przyszłości, będącą w rękach jej zwolenników, niż teorią. Nowość New Age wyraża się również w synkretyźmie (zespoleniu) elementów ezoterycznych i świeckich, gdzie ma dominować nowa fizyka kwantowa, uczucia, emocje i doświadczenie, feminizm, na poziomie jednostek i społeczeństwa. Zmiana paradygmatu, wobec nieudolności dotychczasowego stanu rzeczy, ma przynieść odnowę religii pogańskich z domieszką wływów religii wschodnich oraz współczesnej psychologii, filozofii, nauki i kontrkultury. Ponieważ nauce i technologii nie udało się dostarczyć tego wszystkiego, co niegdyś zdawały się obiecywać, dlatego w swoich poszukiwaniach sensu i wyzwolenia wyznawcy New Age zwrócili się ku sferze duchowej, a właściwie świadomościowej (2,1).

Tu, z kolei, zwolennicy New Age proponują i **tym przyciągają**:
- fascynacja **niezwykłymi zjawiskami**, w szczególności związanymi z paranormalnymi istotami, pośrednikami-mediami (podczas seansów spirytystycznych, drogą kanałową), aniołami i tzw. „mistykami" (ludźmi doświadczającymi mocy boskiej przez oświecające wyzwolenie), będącymi do dyspozycji człowieka; czyli nowa forma spirytyzmu (2,2,1);

- bycie w **harmonii z naturą i kosmosem**, gdzie nie ma mowy o grzechu i moralności, bo wszystko jest holistyczną (całościową i żywą) jednością, a działania człowieka są owocem albo iluminacji, albo ignorancji; sposobem wprowadzania tej powszechnej harmonii jest miłość, rozumiana jako stan umysłu, energia, wibracja na wysokich częstotliwościach, i tylko bycie zdolnym do wejścia w harmonię, znalezienie własnego miejsca w wielkim łańcuchu istnienia jest sekretem szczęścia; tu pomocą służą psychoterapeuci i medycyna alternatywna (2,2,2);

- **terapie alternatywne**, holistyczne, które zajmują się całym człowiekiem i chcą go uzdrawiać, a nie leczyć, biorąc pod uwagę umysł i jego wpływ na zdrowie fizyczne człowieka; tu podkreśla się rolę systemu immunologicznego oraz czakr (specjalnych miejsc-centrów energii w ciele człowieka) indyjskich, których odpowiednie pobudzenie powoduje stopniowe dochodzenie do harmonii i wyzwolenia; bo w rzeczywistości choroba i cierpienie pochodzą z działań sprzecznych z naturą; rozwój naszego potencjału mentalnego sprawia, że wchodzimy w kontakt z naszą wewnętrzną boskością i z tymi częściami naszego „ja", które zostały odcięte i stłumione, a teraz dzięki różnym technikom poszerzania umysłu (psychologia transpersonalna, pośrednicy, terapeuci, szamani) można je przywrócić; to tu można zaobserwować całą gamę praktyk terapeutycznych mających przybliżać wyzwoleńcze oświecenie: akupunktura, chiropraktyka, homeopatia, masaże i różne rodzaje „pracy z ciałem", medytacja, terapia odżywianiem, uzdrowienie psychiki, leczenie kryształami, metalami, muzyką lub kolorami, terapie reinkarnacyjne, itp.; przy czym trzeba pamiętać, że źródło tkwi w nas samych i jest czymś, co możemy osiągnąć, gdy jesteśmy w kontakcie z naszą wewnętrzną energią lub też energiami płynącymi z kosmosu (2,2,3);

- optymistyczna **koncepcja reinkarnacji** rozumiana jako proces osiągania coraz większej pełni, zgodnie z uczestnictwem w kosmicznej ewolucji; dzięki teozofii i spirytyzmowi ludzie mają dostęp do ich poprzednich żyć poprzez sny i techniki medytacyjne (2,2,3);

- ogólna **tendencja holistyczna (jednocząca)**, pokonująca wszelkie dualizmy, bowiem holizm przenika cały ruch New Age, począwszy od jego troski o holistyczne zdrowie aż po dążenie do jednostkowej świadomości (Wyższe Ja), oraz od świadomości ekologicznej aż po idee globalnej „sieci" (2,2,4).

Głównym tematem New Age jest **boskość**, lub raczej to, co nazywa ruch ten nazywa „boskością". Wiąże go kilka istotnych punktów:

- kosmos jest postrzegany jako organiczna całość, ożywiona Energia, określana również jako boska Dusza lub Duch;

- dużą wiarę pokłada się w pośrednictwie różnych duchowych istot; ludzie dzięki nim są zdolni do wspinania się ku niewidzialnym, wyższym sferom i do kontrolowania własnego życia poza śmierć;

- przekonanie, że istnieje „odwieczna wiedza", która poprzedza i jest wyższa od wszystkich religii i kultur; ludzie ją osiągają podążając za oświeconymi mistrzami (2,3,3).

Na tym tle lepiej się rozumie new-agowską koncepcję człowieka, Boga i świata, która jest zlepkiem często niespójnych twierdzeń.

Człowiek może osiągnąć doskonałość za pomocą różnorodnych technik i terapii (nie we współpracy z łaską Bożą, której nie ma), przy czym doskonałość oznacza tu samospełnienie się według hierarchii wartości, które sami tworzymy i które osiągamy własnym wysiłkiem. Techniki poszerzania umysłu (świadomości) mają za zadanie objawić ludziom ich boską moc, dzięki której mogą przygotować drogę dla Ery Oświecenia (nowej Ery Wodnika). To wywyższenie człowieczeństwa kosztem Boga zaowocowało ekstremalnymi formami satanizmu, co ma swój wyraz w pewnym rodzaju muzyki rockowej i jej wpływie na młodych ludzi. Ludzie rodzą się z „boską iskrą", która włącza ich w jedność Całości. Są więc boscy z natury, mimo że uczestniczą w tej kosmicznej boskości na różnych poziomach świadomości. Każda jednostka jest twórczym źródłem światła, jednak potrzebuje odbyć podróż, aby w pełni zrozumieć, w jaki sposób włączy się w jedność kosmosu. Podróż jest psychoterapią, a poznanie uniwersalnej świadomości jest zbawieniem. Grzech nie istnieje, jest tylko niepełna wiedza. Tożsamość każdej osoby rozpływa się w uniwersalnym bycie i w procesie kolejnych inkarnacji. Ludzie poddani są wpływowi gwiazd, ale mogą otworzyć się na boskość, która tkwi w nich, w ich ciągłych poszukiwaniach (za pomocą odpowiednich technik) coraz większej harmonii pomiędzy „ja" a boską energią kosmosu. Istnieje doświadczenie zbawienia ukrytego w nas samych (samozbawienie), za pomocą opanowania psychofizycznych technik, prowadzących do ostatecznego oświecenia. Przeznaczeniem człowieka jest seria kolejnych reinkarnacji duszy w różne ciała, w sensie stopniowego kroczenia ku idealnemu i pełnemu rozwojowi potencjału tkwiącego w jednostce. Psychologia służy do wyjaśniania poszerzenia umysłu jako doświadczenia „szczytowego", „mistycznego" (czyli doświadczenia samospełnienia lub oświecenia, na poziomie Wyższego Ja), doznanego przez jogę, zen, medytację transcendentalną i ćwiczenia tantryczne, ale także przez narkotyki. Niektórzy ludzie mogą być *kanałami* (tzw. *channeling*) ku wyższym formom bytu. Wyższe Ja jest naszą prawdziwą tożsamością, mostem pomiędzy Bogiem jako boskim Umysłem a człowieczeństwem. Duchowy rozwój jest kontaktowaniem się z Wyższym Ja, które przezwycięża wszelkie dualizmy. Wyższe ja zawiera wspomnienia wcześniejszych (re)inkarnacji (2,3,4,1).

Koncepcja **Boga** jest zaczerpnięta z religii Wschodu lub pogańskich religii, nie skażonych tradycją judeochrześcijańską. Stąd ceni się starożytne ryty rolnicze i kulty płodności, kult Matki Ziemi Gaji, jako alternatywy wobec Boga Ojca, którego obraz kojarzy się z patriarchalną koncepcją męskiej dominacji nad kobietami. Nie jest to jednak Bóg osobowy, ani stworzyciel świata podtrzymujący wszystko w istnieniu. Chodzi tu raczej o „bezosobową energię" immanentną (będąca) w świecie, z którym tworzy „kosmiczną jedność", bowiem „Wszystko jest jednym". Ta jedność jest monistyczna (z jednego budulca), panteistyczna (wszystko jest bogiem), a właściwie panenteistyczna (świat stanowi pewną integralną część boga). Bóg jest „zasadą (podstawą) życia", „duchem lub duszą świata", sumą świadomości istniejących w świecie. W pewnym sensie wszystko jest bogiem, a jego obeność jest najwyraźniejsza w duchowym aspekcie rzeczywistości. „Boska energia" przyjmowana świadomie przez ludzi często jest opisywana jak „energia Chrystusa", która nie oznacza osoby Jezusa z Nazaretu, lecz każdego, kto osiągnął stan świadomości pozwalający mu dostrzec jego własną boskość. Wtedy on sam może uważać się na wzór Buddy, Chrystusa, Kriszny, czy Mahometa, za „Mistrza". W Jezusie z Nazaretu, jak w Buddzie, Mahomecie, czy Krisznie, też objawiła się ich boska natura Chrystusa. Ich historyczne objawienie wskazuje jasno, że wszyscy ludzie są niebiańscy i boscy. „Duch Święty", jeśli jest o nim mowa, jawi się tu jako najbardziej wewnętrzny i osobisty („psychiczny") poziom, na którym „boska, kosmiczna energia" jest słyszana przez ludzi (2,3,4,2).

Świat jest „duchowym" oceanem energii, żywym organizmem będącym jedną holistyczną całością lub siecią powiązań. Nie ma żadnej różnicy między bogiem a światem, ponieważ swiat sam w sobie jest boski i jako taki podlega procesowi ewolucji, który prowadzi od bezładnej materii do „wyższej doskonałej świadomości". Jako taki, jest też niestworzony, wieczny i samowystarczalny, a jego przyszłość wyznacza wewnętrzny, pozytywny dynamizm, zmierzający do pogodzenia (boskiej) jedności wszystkiego, co istnieje. Na tym tle, bóg i świat, dusza i ciało, inteligencja i uczucia, niebo i ziemia są jedną ogromną wibracją energii. Wszystko jest ze sobą wzajemnie powiązane, tak że każda część jest sama w sobie obrazem całości; całość jest zawarta w każdej rzeczy, a każda rzecz jest zawarta w całości. W „wielkim łańcuchu istnienia" wszystkie byty są mocno związane i tworzą jedną rodzinę, będącą w różnych stadiach ewolucji. Każda osoba jest obrazem całości stworzenia i wibruje swoim własną częstotliwością; jako taka, jest neuronem w ziemskim centralnym systemie nerwowym będącym we wzajemnej, komplementarnej (uzupełniającej się) relacji z innymi bytami (2,3,4,3).

Drugi rozdział dokumentu Stolicy Apostolskiej kończy się ciekawymi rozważaniami mającymi dać odpowiedź na pytanie, **dlaczego New Age rozrosło się tak gwałtownie i rozprzestrzeniło się tak skutecznie**. Tajemnica tkwi w ciepłym (pełnym uczuć, instynktów i emocji) podejściu do surowych, czasem bez serca, warunków życia świata, w którym się dziś znajdujemy. „*Obawa przed apokaliptyczną (katastrofalną) przyszłością, niestabilności ekonomicznej, politycznej niepewności i zmian klimatycznych, odgrywa ogromną rolę w motywacji szukania alternatywnej, zdecydowanie optymistycznej relacji z kosmosem*". Dzięki nowej definicji tolerancji (oddzielonej od zasad moralności), zauważa się również zachwyt nad różnorodnością, czyli podkreślaniem odmienności i dziwaczności, która kiedyś była w ukryciu i na marginesie cywilizacji Zachodniej[23].

---

[23] W tym kierunku poszedł genderyzm, ze swoją nową koncepcją płci kulturowej, więcej na ten temat zob. w rozdziale 5. poświęconym genderyzmowi.

Ks. Dr Ryszard Groń

Nie wszyscy zainteresowani znają zasady doktrynalne New Age, czasem interesują ich tylko pewne jego aspekty, jak: terapie, praktyki, albo są przypadkowymi konsumentami produktów niosących etykietkę „New Age", w zakresie: muzyki, zdrowia, lepszego samopoczucia. W ten sposób New Age, proponując atrakcyjne zjawisko religijno-duchowe, świetnie wpisuje się w prawa społeczeństwa konsumpcyjnego, gdzie zabawa, rozrywka i czas wolny odgrywają tak ważną rolę. Dużą rolę odegrały tu też mass media, w wyniku czego, *„New Age stało się popularne jako luźny zestaw przekonań, terapii i praktyk, które często są wybierane i zestawiane ze sobą na życzenie, bez względu na niekompatybilność i niekonsekwencję, którą może to powodować"* (2,5).

Trzeci rozdział dokumentu opisuje tezy tzw. nowej duchowości New Age i jej **chrześcijańską krytykę**. Wiele idei zostało tu zaczerpniętych z antycznych religii i kultur. Nowe jest w niej jedynie to, że świadomie poszukuje alternatywy dla kultury zachodniej, z założenia wyłączając z niej judeochrześcijańskie korzenie. Duchowość ta odnosi się do wewnętrznego doświadczenia harmonii i jedności z całą rzeczywistością, w celu uzdrowienia tkwiącego w każdym człowieku poczucia niedoskonałości i skończoności. Odkrywając swoje głębokie powiązanie z uniwersalną boską energią, stanowiącą jądro całego życia, podejmuje swoją własną drogę ku doskonałości, która pozwoli mu poradzić sobie z jego życiem prywatnym, relacjami ze światem, oraz znalezieniem własnego stwórczego miejsca i roli w ewolucyjnej przemianie kosmosu. Tak rodzi się kosmiczny mistycyzm, gdzie kosmiczna energia, wibracja, światło, Bóg, miłość odnoszą się do jednej i tej samej rzeczywistości, pierwszego źródła obecnego w każdej istocie.

Widoczne są tu teozoficzno-ezoteryczne i psychologiczne podstawy, które czynią z New Age **nową formę gnozy**, czyli wiedzy dającej przepis na samozbawienie, które realizuje się poprzez znajomość misteriów i pokonywanie poszczególnych elementów wtajemniczenia boskiego.

Wbrew faktycznym historycznym uwarunkowaniom, w których powstawała przecież każda religia, w New Age jest nostalgia za transcendencją (Bogiem), ale poszukuje się Ją tylko w samym człowieku (tj. na poziomie jego własnej świadomości), jego własną mocą (tj. bez łaski Bożej) i dla jego egoistycznych zamiarów stania się bogiem (tj. bez otwarcia się na innych we wspólnocie) (3,1). W tym ostatnim przypadku mówi się nawet o **duchowym narcyźmie** (zakochaniu się w sobie) i **pseudo-** (niby) **–mistycyźmie**. Zarzuca mu się bowiem, jego izolowanie się od przeszłości i od wszelkich religijnych różnic w imię przyszłości, jego rozumienie duchowości jako formy poszerzonej świadomości i w rezultacie, z powodu braku samowyrzeczenia i walki z wadami, w miejsce prawdziwej uni mistycznej osiąganie jedynie wirtualnego zjednoczenia z Bogiem (3,2). Ponadto, trzeba pamiętać, że historyczny Jezus z Nazaretu, w mniemaniu New Age, wcale nie jest Bogiem, ale jedną z wielu historycznych przejawów kosmicznego i uniwersalnego Chrystusa (3,3).

Cały czwarty rozdział dokumentu podaje **orientacyjne pytania** dla każdego chrześcijanina, który w kontaktach z nieznanymi mu ideami będzie mógł się szybko zorientować, czy ma do czynienia z New Age. Najpierw jednak pada istotne ostrzeżenie, które warto dosłownie zacytować:

„Ze względu na to, że ruch New Age tak bardzo koncentruje się na komunikacji z naturą i kosmicznej znajomości uniwersalnego dobra – negując tym samym objawione treści wiary chrześcijańskiej – nie może być on postrzegany jako pozytywny lub nieszkodliwy. W środowisku kultury naznaczonej relatywizmem religijnym, konieczne jest zasygnalizowanie ostrzeżenia przeciwko próbie umieszczenia religijności New Age na tym samym poziomie, co wiary chrześcijańskiej, gdyż powoduje to, że różnica pomiędzy wiarą a wierzeniami wydaje się względna (inna dla każdego), co przyczynia się do zwiększenia dezorientacji ludzi nieświadomych" **tych rzeczy** (4).

A teraz wylicza się dziesięć orientacyjnych pytań:

1) Czy Bóg jest istotą, z którą jesteśmy w relacji osobowej (chrześcijaństwo), czy też mocą, którą można wykorzystać (New Age)?

2) Czy istnieje jeden Jezus Chrystus (chrześcijaństwo), czy też istnieją tysiące Chrystusów (New Age)?

3) Czy człowiek jest jedną, uniwersalną istotą (New Age), czy też wielością osób (chrześcijaństwo)?

4) Czy zbawiamy się sami (New Age), czy też zbawienie jest darem Boga (chrześcijaństwo)?

5) Czy stwarzamy prawdę (New Age), czy też ją przyjmujemy (chrześcijaństwo)?

---

6) Modlitwa i medytacja: czy zwracamy się do siebie (New Age), czy do Boga (chrześcijaństwo)?

7) Czy zaprzeczamy (New Age), czy akceptujemy istnienie grzechu (chrześcijaństwo)?

8) Czy jesteśmy zachęcani do odrzucenia (New Age), czy zaakceptowania cierpienia i śmierci (chrześcijaństwo)?

9) Czy społeczne zaangażowanie jest czymś, czego należy unikać (New Age), czy też przeciwnie – poszukiwać go (chrześcijaństwo)?

10) Czy nasza przyszłość jest zapisana w gwiazdach (New Age), czy też pomagamy ją tworzyć (chrześcijaństwo)?

Piąty rozdział przedstawia chrześcijańską prawdę o osobie Jezusa Chrystusa, Boga-człowieka, jako źródle wody żywej dla każdego człowieka. Wreszcie szósty rozdział mówi o potrzebie chrześcijańskiej formacji i dobrym przewodnictwie w kościelnych instytucjach. **W dialogu z ludźmi New Age trzeba pamiętać**, że:

- alternatywa (co wynika ze źródłosłowia i definicji samego pojęcia: z łac. *alter*, jeden z dwóch), o której mówi New Age, wyklucza z założenia inne, niż jego własne propozycje; pod względem religii, New Age oferuje więc alternatywę do judeochrześcijańskiego dziedzictwa (albo Wodnik, albo Chrystus);

- pomimo tego, co często mówi się o otwartości na wszystkie religijne punkty widzenia, tradycyjne chrześcijaństwo nie jest faktycznie uważane za możliwe do przyjęcia; New Age natomiast domaga się akceptacji w imię tolerancji i „różnorodności religijnej";

- w teorii New Age istnieje kwestia systematycznego łączenia (*fusion*) elementów, które są wyraźnie i powszechnie rozróżniane w kulturze Zachodu; być może właściwym jest nazywać to „zamieszaniem" (*confusion*), uważając, że New Age dobrze rozwija się właśnie w zamieszaniu. Bowiem, wszystko to, co promuje zamieszanie pojęciowe lub otoczone jest tajemnicą, powinno zostać bardzo dokładnie przeanalizowane, jako że ukrywa raczej niż ujawnia ostateczną naturę rzeczywistości (6,1)[24];

- istnieje zbyt wiele przypadków, w których katolickie ośrodki duchowości są aktywnie zaangażowane w rozpowszechnianie

---

[24] Dokładnie to samo dotyczy zjawiska genderyzmu, zob. rozdz. 5.

religijności New Age w Kościele (yoga, pozwolenie na prowadzenie tzw. grup modlitewnych, które mało mają wspólnego z chrześcijaństwem).

- wielu ludzi jest przekonanych, że nie ma nic złego w „pożyczaniu sobie" z mądrości Wschodu, ale przykłady medytacji wschodnich powinny uczynić chrześcijan ostrożnymi wobec perspektywy nieświadomego zaangażowania się w inną religię, mimo iż one same określają się jako religijnie neutralne; problemem nie jest nauczenie się medytacji, ale treść danych ćwiczeń, które w jasny sposób określają czy odnoszą się do zasad religii wschodnich lub ukrytych głębi „ja";

- najlepszym sposobem usensowienia swego życia jest wgłębienie się we własną tradycję chrześcijańską i maksymalne wykorzystanie jej skarbca duchowego dziedzictwa (6,2).

Literatura przedmiotu:

-Michaela Pawlik, *Utopijny raj New Age*, wyd. Diec., Sandomierz 2008.

-Anna Białowąs (red.), *ABC o New Age*, wyd. Maternus Media, Tychy 2005.

-Papieska Rada Kultury, Papieska Rada ds Dialogu Międzyreligijnego, *Jezus Chrystus Dawcą wody życia. Chrześcijańska refleksja na temat New Age,* Vatican 2003, w: www.adonai.op.opoka.org.pl/upload/ ALL0x12cd689fgc/JEZUSCHRYSTUSDAWCAWODYZYCIA.rtf.

-Dariusz Hryciuk, *New Age: Definicja (cz. 1), Analiza źródeł (cz. 2), Główne praktyki (cz. 3),* www.apologetyka.com/swiatopoglad/newage/ newage1-definicja .../new age2-zrodla .../newage3-praktyki (2003)

-Jarosław Tomczuk, *New Age a chrześcijaństwo*, wyd. Vocatio, Warszawa 1998.

-*Rozmowa z o. Janem Andrzejem Kłoczowskim o New Age*, w serii: *Rozmowy na koniec wieku*, w: www.mateusz.pl/rozmowy/kloczowski. htm (1999)

Ks. Dr Ryszard Groń

-Bernard Franck, *Leksykon New Age w 100 kluczowych pojęciach*, Wydawnictwo „m", Kraków 1997.

-Bartłomiej Dobroczyński, *New Age*, wyd. Znak, Kraków 1997.

3

Wyzwanie ekologii

Ostatnia wielka katastrofa ekologiczna związana z wyciekiem ropy naftowej w Zatoce Meksykańskiej na Atlantyku (jesień 2010), każe pytać nie tyle o sens wydobywania ropy z mórz i oceanów, ale w ogóle o głębszą i bardziej fundamentalną sprawę traktowania środowiska naturalnego przez człowieka. Z nieprawidłowego jego traktowania wyrósł ruch ekologiczny i powstało wiele międzynarodowych organizacji mających za zadanie powstrzymywać niszczycielską działalność gatunku *homo sapiens*. Ruch ten jednak jest pochodną zmiany mentalności współczesnego człowieka, który w miejsce szanowania przyrody, tak jak to niegdyś bywało, zaczął ją eksploatować i niszczyć. Wiązało się to poniekąd z odejściem od światopoglądu chrześcijańskiego, który w Bogu upatrywał Stwórcę wszelkiego stworzenia, dzięki czemu samo stworzenia nabierało wartości i szacunku.

Choć drogi teologii i ekologii się rozeszły, to jednak Kościół nie ustaje w wysiłkach na rzecz ochrony środowiska naturalnego i poprzez swoje nauczanie pokazuje niebezpieczne tendencje, jakie się tam wkradły, podsuwając alternatywne i humanistyczne drogi wyjścia. Przypatrzmy się zatem z bliska stanowisku Kościoła katolickiego wobec wyzwań współczesnej ekologii.

Siostra Przyroda

Dawniej nie potrzebowano żadnej ekologii, bo doktryna chrześcijańska, która powszechnie dominowała przez wieki, z samej zasady głosiła szacunek dla wszelkiego istnienia. Było ono z natury stworzeniem zależnym od Boga, z racji jego stworzenia i odkupienia, skąd też czerpano odpowiedni dlań szacunek i respekt. Człowiek, byt wyróżniający się pośród innych stworzeń świadomym i wolnym wyborem, zajmował tu pozycję wyjątkową, będąc właśnie z tej racji zaproszony przez Stwórcę do współpracy w doskonaleniu świata. Bóg powołuje go jako ostatni z bytów w charakterze korony stworzenia, nakazując mu czynić sobie ziemię poddaną, jako ich zarządca i opiekun. Człowiek nadaje nazwy wszelkim istotom żywym na znak odpowiedzialności za nie przed Bogiem. Pali ogniska, karczuje lasy, poluje i ubiera się w skóry zwierząt tylko z potrzeby przeżycia, zachowując nienaruszone prawa przyrody. Życie na łonie natury, którą zawiaduje, daje mu przekonanie, że jest ona przyjazną, aczkolwiek nieokiełzaną siłą, z którą musi się liczyć i poważać. Doświadcza grzechu, choć wie, że ma on swoje źródło w sercu, które winno być ascetycznie ujarzmione z pomocą łaski Chrystusa.

To wspólne źródło w Bogu Stworzycielu i Uświęcicielu każe św. Franciszkowi z Asyżu widzieć w przyrodzie oraz jej prawach – braci i siostry towarzyszących człowiekowi w jego wędrówce życia.

Powstanie (ideologii) ruchu ekologicznego

Ostatnie dwa stulecia z ich oddalaniem się od światopoglądu chrześcijańskiego wprowadziły zmianę mentalności i nowy punkt wyjścia dla rozważań o przyrodzie. Zaczęto budować tezy oparte na całkiem obcej filozofii, pobudzanej swoistym kultem postępu, nauki i techniki, w jej duchu też interpretując dotychczasowe pryncypia. Z drugiej strony, gospadarki rynkowe socjalizmu i kapitalizmu wprowadzały nowe formy produkcji, czyniąc z przyrody jedynie instrument jak największego (wy) zysku, już nie mówiąc o zatruwaniu środowiska naturalnego. Działo się tak, ponieważ w miejsce Boga Stwórcy wszedł człowiek: *homo economicus*, który stał się panem i władcą ziemi.

Biblijne hasło „czynienia sobie ziemi poddanej" zaczęto odczytywać w sensie niepohamowanej działalności eksploatacyjnej i niszczycielskiej przyrody. Wszelkie gwałty i nadużycia, do jakich dochodziło na przyrodzie, zaczęły rodzić słuszny protest wielu myślicieli. Tak od początku ubiegłego stulecia zaczęła formować się ideologia ruchu ekologicznego.

W swojej nazwie miał on szlachetne pobudki, bowiem jego grecki źródłosłów: *oikos* i *logos*, wskazuje na naukę o poszanowaniu środowiska naturalnego. Jednak wobec odrzucenia Boskiego źródła, wcześniej czy później musiał dojść do ślepego zaułku. W swych skrajnych formach, tzw. ekologii głębokiej[25], które wraz z procesem globalizacji zaczął zataczać coraz szersze kręgi, głosił swoisty kult przyrody, widząc w ziemi boginię, której musi się podporządkować również człowiek.

Bogini Ziemia (Gaja)

Ziemia, z jej zagrożonym przez człowieka ekosystemem[26], stała się teraz swoistym centrum, o który należy się troszczyć i robić wszystko, by ją zachować. W sukurs temu postulatowi przyszły systemy filozoficzne Wschodu z jej holistyczną (całościową) wizją świata, głosząc szacunek dla każdego życia z racji jego boskiego charakteru.

Człowiek stał się teraz elementem pośród innych bytów przyrody wartościowany już nie według swej zdolności intlektualno-moralnej, ale tak jak wszystkie pozostałe stworzenia: na zasadzie faktu życia. Stosownie do tego, powstała **„nowa etyka" swoistego kultu, tj. szacunku dla życia, jako najwyższej wartości, której wszystko inne należy podporządkować,** w imię harmonii z całym stworzeniem i ocalenia świata. Odbiciem tego ma być kształtowanie tzw. człowieka ekologicznego, odznaczającego się szacunkiem dla każdego życia, z jednoczesnym przyznawaniem przyrodzie statusu moralnego, a zwierzętom osobowości prawnej, jako formie skutecznej ochrony przed samym człowiekiem. Do twórców i przedstawicieli tego stanowiska należy zaliczyć: A. Naess, K. Meyer-Abich, G. Böhm, T. Berry, M.

---

[25] Ekologia głęboka (z ang. *deep ecology, deep* głęboki) (z greck. *oikos*, dom, środowisko naturalne, *logos*, nauka), skrajna postać teorii filozoficznych mających podać receptę na zapobieżenie dewastacji środowiska naturalnego, kosztem (dogłębnego) przewartościowania dotychczasowych (czytaj: chrześcijańskich) pryncypiów, na których opierała się cywilizacja Zachodu; jej twórcą jest norweski filozof Arn Naess (1972).

[26] Ekosystem (z greck. *oikos*, środowisko, *systema*, zestawienie), dowolny (albo całościowy) układ środowiska naturalnego składający się z elementów (przyrody) ożywionej lub ożywionej i nieożywionej, pozostających ze sobą w rozmaitych relacjach, od bakterii począwszy a na biosferze skończywszy (A. Tansley, 1935).

Fox, M. Bookchin, H. Henderson, B. Devall, G. Sessions, J. Lovelock, H. Skolimowski, F. Capra, P. Singer, R. D. Ryder.

Tak to miejsce prawdziwego Boga stwórcy i wynikający z tego szacunek dla każdego stworzenia zajął bożek, a właściwie, bogini ziemia (w mitologii greckiej: Gaja - Ziemia-Matka), której człowiek stał się niczym specjalnie wyróżniającym się elementem pośród innych stworzeń (J. Lovelock).

Współczesny ruch ekologiczny

Na szczęście wiele z tych skrajnych tez nie weszło jeszcze w życie, chociaż trzeba zauważyć, że wytyczne ich filozoficznych podstaw, jako jedyne alternatywne do doktryny chrześcijańskiej, dominują cały czas w globalnym świecie, wyznaczając jej nieuchronny kurs w przyszłości. Wydaje się, że jest tylko kwestią czasu przeforsowanie wielu z powyższych postulatów ochrony środowiska, tym bardziej, że niemalże od początku stały się one integralną częścią doktryny New Age.

Obiektywnie należy jednak również zauważyć, że powstały ruch ekologiczny obudził świadomość ekologiczną współczesnego człowieka i uwrażliwił go na ochronę środowiska naturalnego. W latach siedemdziesiątych i osiemdziesiątych ubiegłego stulecia powstał tzw. międzynarodowy ruch zielonych, w charakterze ruchu społecznego, który miał i ma na celu przeciwdziałanie zagrożeniom ekologicznym, zanieczyszczaniu środowiska i uwrażliwianie ludzi i systemy państwowe na racjonalne korzystanie z zasobów naturalnych ziemi. Postuluje on stworzenie alternatywnego do przemysłowego systemu produkcji opartego na ekorozwoju, który będzie nieszkodliwy dla środowiska naturalnego. Już dziś możemy obserwować jego dobroczynne skutki, w postaci paneli słonecznych, czy wiatraków wietrznych, służących do produkowania energii elektrycznej, chociaż trzeba zdawać sobie również sprawę, że ostatecznie nie zastąpią one innej tradycyjnej formy produkcji energii elektrycznej. Dziś coraz wyraźniej mówi sie o energii atomomej.

Niestety cały czas budzi obawy sięganie przez ten ruch do wspomnianej, alternatywnej ideologii ekologicznej, by stamtąd czerpać swoje ieały przemiany świata według nowych pozachrześcijańskich wzorców, stając się tym samym jednym z ideologicznych motorów New Age. Ponadto niepokoi jego upolitycznianie problemu ekologii oraz bratanie się od samego początku z różnymi, podobnymi do niego ruchami społecznymi, kontestującymi współczesną cywilizację, jak np. ruchy pacyficzne, feministyczne, wszelkiego rodzaje mniejszości społeczne. Właśnie, na tym tle można dopiero zrozumieć podejmowanie przez nie różnych, dziwnych i czasami niedorzecznych inicjatyw, w celu ochrony środowiska.

Kościół a ekologia

Czy w takim razie ruch ekologiczny, z całym swym bogactwem wolontariuszy i organizowanych akcji protestacyjnych, w ramach ruchów zielonych czy organizacji Greenpeace jest czymś złym? Niekoniecznie, chociaż w wielu przypadkach dochodzi tu rzeczywiście do absurdów; na przykład: głoszenie wegetarianizmu, w imię niekrzywdzenia w ogóle zwierząt, czy ryb; postulowanie płacenia podatku za zanieczyszczenie środowiska od krajów bogatszych, by go przeznaczyć na aborcję w krajach ubogich; szafowanie nie do końca sprawdzonymi informacjami o skutkach ocieplenia globalnego, by pozyskać olbrzymie pieniądze z budżetu wielu państw; wycinanie lasów pod uprawę roślin dla projektu biopaliw, itp.

Nauka katolicka proponuje zweryfikować poglądy ekologiczne, eliminując jej skrajne postaci, a przede wszystkim, jej błąd u podstaw: zerwanie relacji Stwórcy do stworzenia, skąd pochodził naturalny szacunek dla „świętości" przyrody. Ponadto postuluje wzięcie pod uwagę grzesznej kondycji człowieka, by na tym tle mówić o wychowaniu ekologicznym, tzn. by człowiek uświadomił sobie problem ekologiczny i poddał go standardom moralnym i estetycznym. W ten sposób może nie tylko odkryć dobro stworzenia, ale i jego piękno pozwalające kontemplować jego Stwórcę.

Kościół apeluje też do tych, którzy mają decydujący wpływ na eksploatację i trucie środowiska, by odpowiedzialnie i z rozwagą korzystali z zasobów ziemi, mając na uwadze dobro gatunku ludzkiego i całej planety. Jako przykład chrześcijańskiej postawy ekologicznej posłużyło pełne szacunku podejście do przyrody św. Franciszka z Asyżu, którego papież Jan Paweł II ogłosił patronem ekologii (1979 r.). Papież Franciszek w swojej encyklice Laudato si z 2015 roku posłużył się tekstem Pieśni o Stworzeniu (Pieśń słoneczna) św. Franciszka z Asyżu, aby wyłożyć współczesny skomplikowany problem ekologiczny świata.

Literatura przedmiotu:

-Wojciech Bołoz, *Kościół i ekologia. W obronie człowieka i środowiska naturalnego*, Kraków 2010.

-Ryszard Groń, *Chrześcijańskie traktowanie zwierząt*, Ateneum Kapłańskie 138(2002).

-*Ochrona środowiska społeczno-przyrodniczego w filozofii i teologii*, red. J. M. Dołęga, J. W. Czartoszewski, A. Skowroński, Warszawa 2001.

-Tadeusz Ślipko, Andrzej Zwoliński, *Rozdroża ekologii*, Kraków 1999.

-Ekologia, [w:] *Encyklopedyczny przewodnik po świecie idei*, (red.) S. Bednarek, J. Jastrzębski, Wrocław 1996, 84-85.

-Andrzej Zwoliński, *Ekologizm, kult zielonej Gai*, Kraków 1995.

4

Traktowanie zwierząt

Traktowanie zwierząt jest formą szczegółową alternatywnego (w stosunku do chrześcijaństwa) traktowania przyrody. Wyrosło ono na tle dwóch skrajnych postaw podchodzenia człowieka do zwierząt:

1) urzeczowiania zwierząt, tzn. traktowania ich jak bezczuciowych rzeczy, nie licząc się z tym, że one cierpią (reifikacja zwierząt);

2) personalizacja zwierząt, tzn. przypisywanie im godności osobowej na równi z ludźmi (zoopersonalizm).

W obydwu przypadkach mamy do czynienia z niebezpiecznymi tendencjami, ponieważ skrajne opinie, na jakich one bazują, wypaczają prawidłowy, zdroworozsądkowy obraz świata i człowieka, przyczyniając się do różnych wynaturzeń i nadużyć.

Reifikacja zwierząt

Pierwsza skrajna postawa jest zakorzeniona w prawie rzymskim, kiedy to po raz pierwszy dokonano klasyfikacji świata na rzeczy i osoby, w tym ostatnim przypadku myśląc jedynie o człowieku, który z racji swej duchowej natury górował nad nimi. Podział ten funkcjonował jeszcze do niedawna w prawie stanowionym poszczególnych państw, również w prawie polskim do 1997 r. Zwierzę było rzeczą znajdującą się pod władzą, czyli w posiadaniu, człowieka, który mógł nią dysponować dla swojego rozwoju. Jako takie, zwierzę nierzadko stawało się przedmiotem niehumanitarnego traktowania związanego z zadawaniem cierpień. Wszystko tu było podporządkowane interesowi właściciela.

Słuszny pogląd o wyjątkowej pozycji człowieka w świecie przyrody, ugruntowany przez systemy filozoficzne antyku i średniowiecza chrześcijańskiego, został spaczony z chwilą pojawienia się w XVIII w. nurtów naturalistyczno-liberalnych. Na ich gruncie powstał nowy świat idei, który przyczynił się do rozwinięcia agresywnych (utylitarystycznych) doktryn ekonomicznych nowożytnych systemów społeczno-ekonomicznych, zarówno liberalnych jak i kolektywistycznych. Inspirowane dodatkowo kultem, czy wręcz apoteozą nauki i techniki, ożywione wiarą w niezawodność ciągłego postępu, szły one na podbój świata pod hasłem „homo aeconomicus" społeczeństwa dobrobytu, ujarzmiania przyrody przy pomocy techniki i poddania jej zorganizowanej (konsumpcyjnej) woli człowieka. Naturalnym skutkiem tej ideologicznej inspiracji stał się m. in. paradygmat, który wyższość człowieka nad przyrodą przekształcił w zasadę niszczycielskiej, eksploatacyjnej dominacji człowieka nad światem przyrody.

Nic więc dziwnego, że za taką mentalnością szła praktyka rzeczowego traktowania fauny. Ukształtowane formy rynku kapitalistycznego i socjalistycznego uczyniły ze zwierząt „towar" konsumpcyjny przydatny do realizacji już nie tylko zrozumiałych, podstawowych potrzeb człowieka, jak pożywienie, ubiór, ale i tych niekoniecznych, wynikłych ze sztucznych potrzeb ideologii, reklamy, rozrywki, czy innej formy próżności ludzkiej; i to nierzadko kosztem najmniejszych nakładów finansowych w celu największych zysków. Socjalistyczna hodowla zwierząt przybrała charakter istnego przedsiębiorstwa, w którym odbywała się „produkcja zwierzęca" dysponująca „masą towarową" czy „surowcem zwierzęcym". W krajach kapitalistycznych wymyślono nowe metody „produkcyjne", które miały na celu bezwzględną maksymalizację wydajności zwierząt i otrzymanie towarów odpowiadających coraz wyższym wymaganiom smakowym ludzi, oczywiście bez liczenia się z koniecznymi potrzebami zwierząt.

Sytuacja zwierząt musiała być drastyczna, skoro równolegle do tych tendencji zaczęły podnosić się głosy piętnujące bezkarne postępowanie ludzi wobec zwierząt. I tak, już w XVIII w. sam twórca filozofii naturalistycznej, J. J. Rousseau, wystąpił z tezą, że zwierzętom przysługuje prawo do tego, „aby nie były źle traktowane przez ludzi". Pod wpływem A. Schopenhauera, H. Spencera i im podobnych, zaczęła się budzić tzw. „etyka zwierząt", postulująca przyznanie zwierzętom praw moralnych. W dziewiętnastym stuleciu zaczęły powstawać stowarzyszenia filoanimalistyczne[27] propagujące ideę społecznej opieki nad zwierzętami, głównie zaś walki z praktyką tzw. wiwisekcji, czyli dokonywania operacji na żywych zwierzętach w celach doświadczalnych, najczęściej bez znieczulenia.

Praktyka rzeczowego i konsumpcyjnego, tzn. nastawionego na jak największy zysk, traktowania zwierząt przez ludzi posunęła się dziś do wielu skrajnych i niehumanitarnych postaw, przybierając w rezultacie następujące formy, powodując zatem słuszny głos sprzeciwu:

– hodowla (i ubój) zwierząt w celach uzyskania maksymalnych korzyści ekonomicznych; wiele wątpliwości budzą tu metody manipulowania warunkami życia zwierząt, którym odbiera się nieodzowną dla ich normalnego dobrostanu przestrzeń życiową, którym brak ciepłego i suchego legowiska, możliwości poruszania się czy zmiany pozycji ciała; całą ich egzystencję nierzadko redukuje się do fizjologicznych procesów przyjmowania pokarmu, trawienia i rośnięcia; przestał być im znany naturalny rytm dnia i nocy oraz pór roku; nie docierają do nich niemal żadne bodźce; nie szukają pożywienia, żyją w stanie psychicznej jałowości; chodzi tu o chów kurcząt, świń, owiec, koni czy bydła, powodujący nie tylko choroby i (samo)okaleczenia, ale swoistą krzywdę, a właściwie ich cierpienia;

– transport zwierząt odbywany w makabrycznych warunkach i bez kontroli;

– bezpodstawne (niekonieczne) używanie zwierząt do różnych bolesnych eksperymentów medycznych (wiwisekcja) i do testowania kosmetyków, detergentów czy innych medycznych (chemicznych) środków;

– rytualny ubój zwierząt (szczególnie praktykowany w judaizmie i islamie);

– polowania sportowe na zwierzynę (lisy, jelenie) oraz używanie zwierząt dla (krwawych) celów rozrywkowych (walki kogutów, psów, byków, czyli tzw. tauromachia);

– kłusownictwo na dzikich zwierzętach, ptakach i rybach;

---

[27] „Filoanimalistyczny" (lub „filozoonistyczny"), pojęcie ukute przez T. Ślipkę w stosunku do zwolenników przyznawania zwierzętom podmiotowości moralnej (w przeciwieństwie do tzw. „filohoministów", przyznającym ją tylko i wyłącznie ludziom).

– zadawanie nieusprawiedliwionych cierpień zwierzętom, z powodu braku opanowania, z chęci wyładowania pasji, z lekkomyślności, albo z pobudek sadystycznych; mieści się tu los zwierząt domowych porzuconych czy w różny sposób maltretowanych przez ich właścicieli, zabijanie małych szczeniaków na oczach ich matek itp.;

– (niektórzy podważają) sens trzymania dzikich zwierząt w ogrodach zoologicznych, w domach prywatnych, oraz zabijania (dzikich) zwierząt dla mięsa, skóry czy futra, biorąc pod uwagę rzadkość ich występowania, czyli (wy)tępienie przez człowieka cennych gatunków zwierząt (np. bizony, polskie tury, foki).

Cały problem sprowadza się ostatecznie do zadawania niepotrzebnych i nieuzasadnionych cierpień zwierzętom i pozbawienia ich normalnego poziomu dobrostanu, co także powoduje ich cierpienie. Wiele z tych zagadnień, dzięki działalności różnych organizacji na rzecz ochrony środowiska i zwierząt, doczekało się już na szczęście humanitarnych odpowiedzi ze strony prawodawców, hodowców, przemysłowców i innych ludzi mających wpływ na poprawę ich losu. Jednakże, równocześnie z reifikacją zwierząt, pojawiła się na horyzoncie inna niebezpieczna tendencja, która poszła w drugim skrajnym kierunku, a mianowicie personalizacji zwierząt.

Zoopersonalizm

Na tle XVIII i XIX-wiecznej transformacji ideologiczno-społecznej, zaczynają pojawiać się stowarzyszenia filoanimalistyczne, propagujące idee przyznawania zwierzętom podmiotowości moralnej. Zostały one podbudowane ideologicznymi podstawami filozoficznymi ewolucjonizmu i monizmu (holizmu) pochodzenia orientalnego i pozachrześcijańskiego. Na ich fundamencie powstały biocentryczne (z żywą przyrodą jako centrum) lub ekocentryczne (z ekosystemem jako centrum) systemy ekologiczne, reprezentowane dziś przez tzw. „ekologię głęboką"[28] i jej podobne (A. Naess, G. Sesions, P. Singer, A. Brennan, R. Attfield, J. Lovelock, P. W. Taylor, M. Smith, B. Williams, F. Capra, C. Spretnek, K. M. Meyer-Abich), obecne również w polskim środowisku naukowym (H. Skolimowski, K. Woloszczyk). Odpowiada im tzw. „nowa etyka" swoistego „kultu (szacunku dla) życia" (A. Schweitzer, H. Skolimowski, Z. Piątek, K. Bonenberg), czyli kształtowanie tzw. „człowieka ekologicznego", w czym dominuje imperatyw moralny szacunku dla życia, w imię harmonii z całym stworzeniem, a nawet w imię ocalenia w ogóle gatunku ludzkiego.

Ta diametralna zmiana punktu widzenia, jako wyraźna reakcja na dotychczasową eksploatacyjną politykę człowieka, nie tylko przydaje Przyrodzie (w tym, przede wszystkim, zwierzętom) status moralny, co już jest wielce niepokojące, ale stawia samego człowieka w roli instrumentalnej tejże samej Przyrody. Krytycy „ekologii głębokiej", i jej podobnych, zauważają wiele niebezpieczeństw, które się z tym wiążą:

- zatarcie obiektywnej skali wartości świata,
- faktyczne zredukowanie podmiotowości człowieka do roli przedmiotu, tj. do rzeczy w pajęczynie rzeczy; będzie go można teraz traktować na równi z rośliną i zwierzęciem, którym przysługuje przecież taki sam status moralny;
- zakwestionowanie etyki przez myślenie ekologiczne (holistyczne);
- oddawanie etycznej czci dla ekosystemów naturalnych, a więc uleganie pewnej formie kultu Natury, popadając w swego rodzaju pseudoreligię.

Bardzo czytelne jest to w jednej z najbardziej reprezentatywnych teorii ekoholistycznych, tzw. „hipotezie Gai" J. Lovelocka:

„Stawianie znaku równości między człowiekiem a naturą – przypomina jeden z krytyków – znane było ideologom hitleryzmu, którzy w biocentrycznej wizji świata nie dostrzegali podstaw, by osoba ludzka podlegała innym

---

[28] „Ekologia głębi", Już w samej nazwie ujawnia się kontestacyjny charakter nowej ekologii; chodzi tu o „ekologię głęboką", jako przeciwstawienie dotychczas panującej tradycyjnej „ekologii płytkiej", „ochroniarskiej" czy „strachu", nie będącej w stanie zażegnać niebezpieczeństwa zniszczenia świata; tylko ekologia głęboka, tzn. głębokie przeobrażenie ludzkiego widzenia świata, gruntowna zmiana paradygmatu naukowego, orientacji etycznych i zasad ludzkiego postępowania jest w stanie to uczynić.

prawom niż świat roślin i zwierząt. Twierdzili bowiem, że «wszystko jest życiem» (Alles ist Leben). Realizacja tego postulatu prowadziła do «zasypania» różnicy między człowiekiem i naturą" (A. Zwoliński).

Biocentryczne (holistyczne) podstawy systemów ekologicznych posłużyły zatem obrońcom zwierząt (etykom, filozofom, naukowcom z różnych dziedzin przyrodniczych), szczególnie na Zachodzie i w USA, do postulowania ustanowienia statusu moralnego fauny, jako formy ich obrony przez eksploatacyjną polityką człowieka. Cytowany tu już T. Ślipko nazywa ich z tego powodu „filoanimalistami" lub „filozoonistami". To w głównej mierze właśnie dzięki ich publikacjom doszło do uchwalenia 15 października 1978 r. pod egidą UNESCO Światowej Deklaracji Praw Zwierząt. Do czołowych przedstawicieli obrońców tych praw należą: J. Feinberg, R. D. Ryder, P. Singer, T. Regan, Ch. Hoff, S. R. L. Clark, W. Aiken, Ch. Stone, A. Linzey i inni, a na naszym polskim gruncie pod ich wpływem zdają się być Z. Piątek i S. Sencerz.

Ich argumentacja zasadniczo koncentruje się na uznaniu pewnego zmysłowego psychizmu zwierząt, mylnie utożsamianego z wyjątkowym, psychiczno-duchowym elementem natury człowieka. Wychodząc z tej błędnej przesłanki, mylnie porównywano zdolności intelektualno-wolitywne istoty ludzkiej do zmysłowo-instynktownego reagowania zwierzęcia na poszczególne bodźce zewnętrzne; reagowania utrwalanego na zasadzie powtórzeniowych odruchów. Tę ostatnią zdolność można dziś nazwać psychizmem, jednak nie duszą, na wzór duchowej natury ludzkiej, która ostatecznie decyduje o osobowej (podmiotowej), więc i moralnej strukturze człowieka.

Argumenty filoanimalistów – oparte na tej podstawie – dochodziły do szokujących tez, ostatecznie sprowadzając ludzi do rzędu zwierząt. Szczególnie ulubionym argumentem było odwoływanie się do przypadków ludzi umysłowo upośledzonych lub psychopatycznych zbrodniarzy, w rodzaju Hitlera, których niefunkcjonujące zdolności umysłowe porównywano z psychicznymi możliwościami wyżej zorganizowanych ssaków czy innych zwierząt, jak: delfinów, wielorybów, kotów, psów. Nie dziwi tu np. zdanie rodzaju: *„Nawet przy największych staraniach z naszej strony, niektóre upośledzone dzieci nigdy nie osiągną psychicznego poziomu psa"* (P. Singer).

Fakt wykorzystywania zwierząt dla różnych potrzeb człowieka i związane z tym często niehumanitarne traktowanie, a szczególnie wiwisekcję, interpretowano jako przykład szowinizmu (speciesism) gatunkowego uprawianego przez ludzi, mającego niegdyś w historii wzorce w niesprawiedliwym traktowaniu niewolników, murzynów (rasizm) i kobiet (antyfeminizm). Znany tu jest klasyczny casus możliwego lądowania Marsjan, którzy dla pogłębienia swojej znajomości Ziemi i ludzi, mogliby poddać tych ostatnich bolesnym eksperymentom medycznym. Podobnie dziś postępują ludzie w stosunku do świata zwierząt (R. D. Ryder). Wręcz szukujące stało się prowokacyjne zastosowanie pojęć dla oznaczenia ludzi i zwierząt: *human animal* (ludzkie zwierzęta) i *non human animal* (pozaludzkie zwierzęta), jakimi posłużył się jeden z czołowych filoanimalistów (P. Singer). Były też próby zbagatelizowania samego problemu osobowości, jako obiektywnego kryterium godności człowieka, proponując w zamian poszanowanie wszelkiej żywej istoty na podstawie jej wewnętrznej, immanentnej wartości (S. L. R. Clarc).

Wiele spośród proponowanych tu postulatów uwzględniono w tekście wzmiankowanej tu już Światowej Deklaracji Praw Zwierząt, zatwierdzonej przez UNESCO w 1978 r., na prośbę i za staraniem Międzynarodowej Federacji Praw Zwierzęcia (1977). Jej biocentryczne podłoże oraz wpływy filoanimalistów widać szczególnie w *Preambule* i w użyciu kilku niepokojących sformułowań. Oto istotne treści tego dokumentu:

„Z uwagi na to, że każde zwierzę ma pewne prawa, że znajomość i lekceważenie tych praw sprowadziły człowieka i prowadzą go nadal na drogę przestępstw przeciwko naturze i zwierzętom; że uznanie przez gatunek ludzki prawa innych gatunków zwierzęcych do egzystencji stanowi podstawę współistnienia wszystkich istot żywych; że człowiek popełnia zbrodnię ludobójstwa; że poszanowanie zwierząt przez człowieka wiąże się z poszanowaniem ludzi między sobą, i że już od najmłodszych lat należy człowieka uczyć obserwować, rozumieć, szanować i kochać zwierzęta” (*Preambuła*).

„Wszystkie zwierzęta rodzą się równe wobec życia i mają te same prawa do egzystencji” (art. 1).

„Każde zwierzę ma prawo do szacunku” (art. 2a).

„*Człowiek, jako gatunek (rodzaj) zwierzęcy, nie może rościć sobie prawa do tępienia innych zwierząt lub do ich wyzyskiwania. Ma natomiast obowiązek wykorzystywania całej swej wiedzy w służbie zwierząt*" (art. 2b).

„*Każde zwierzę ma prawo oczekiwać od człowieka opieki i ochrony*" (art. 2c).

„Żadne zwierzę nie może być przedmiotem maltretowania i aktów okrucieństwa" (art. 3a).

„*Jeżeli okaże się, że zwierzę trzeba uśmiercić, należy to uczynić szybko, nie narażając go na ból i trwogę*" (art. 3b).

„Żadne zwierzę nie powinno służyć rozrywce człowieka" (art. 10a).

„*Wystawianie zwierząt na pokaz oraz widowiska z udziałem zwierząt poniżają godność zwierzęcia*" (art. 10b).

„*Każdy akt prowadzący do zabicia zwierzęcia bez koniecznej przyczyny jest mordem, czyli zbrodnią przeciwko życiu*" (art. 11, por. też art. 12a, który mówi o „*zbrodni przeciwko gatunkowi zwierząt*").

„*Zwierzę martwe należy traktować z poszanowaniem*" (art. 13a).

„*Stowarzyszenia ochrony i opieki zwierząt powinny mieć reprezentantów na szczeblu rządowym*" (art. 14a).

„*Prawa zwierząt powinny być rozpowszechniane (w sensie bronione, strzeżone) na równi z prawami człowieka*" (art. 14b).

Na pewno trzeba tu podkreślić wielki postęp w stwarzaniu humanitarnych warunków dla obchodzenia się ze zwierzętami. Słusznie zaakcentowano ich prawo do życia, przyzwoitego traktowania oraz ochrony ze strony człowieka. Jednakże budzą zastrzeżenia wyraźne wpływy biocentrycznego punktu widzenia tej *Deklaracji*. Na przykład, mowa o:

- reprezentacji „interesów" zwierząt na szczeblu rządowym (por. P. Singer),

- swoiście pojętych przestępstwach czy morderstwach dokonywanych na zwierzętach lub na ich całych gatunkach (por. koncepcję szowinizmu gatunkowego R. Rydera);

- nazwanie człowieka rodzajem (gatunkiem) zwierzęcym odbierającym mu (skądinąd słusznie) prawo do eksploatacji innych gatunków świata zwierzęcego (por. P. Singer, R. D. Ryder);

- zastosowanie do zwierzęcia pojęcia godność, zastrzeżonego dotychczas wyłącznie dla ludzi (por. hasło poszanowania zwierzęcia jako istoty żywej, na podstawie jego wewnętrznej wartości, postulowane przez S. R. L. Clarka). *„Nie sądzę* – komentuje S. R. L. Clark – *aby to (użycie pojęcia godności w stosunku do zwierząt) poniżało godność człowieka".* Podobnie pojęcia godności w stosunku do zwierzęcia użył – pewnie nie bez wpływu tej *Deklaracji* – Parlament Austriacki, wnosząc je do swojej konstytucji.

- W oparciu wreszcie o artykuł 13a, mówiącym o poszanowaniu martwych zwierząt, można dopiero pełniej zrozumieć sens istnienia na Zachodzie cmentarzy dla zwierząt.

Można powiedzieć, że są to już konkretne próby czysto biologicznego (rzeczowego) traktowania człowieka, przed którymi od dawna przestrzegają krytycy stanowiska biocentrycznego, jako wynik domagania się moralnego równouprawnienia dla zwierząt. Bardzo niepokojąco na tym tle, wręcz jako złowieszczy manifest, przedstawia się prowokacyjna propozycja P. Singera określenia człowieka i zwierzęcia jako *human animal* i *non-human animal.* A R. D. Ryder, domagając się praw dla zwierząt, pisze wprost:

„Skoro my – jako zwierzęta – respektujemy interesy innych osobników należących do naszego tzw. gatunku, to dlaczego nie mielibyśmy darzyć podobnym szacunkiem także innych gatunków?".

Na szczęście nasza polska Ustawa o Ochronie Zwierząt z 1997 r., idąc w tym za postanowieniami prawnymi innych państw (Austria 1988, Niemcy 1990), wraz z jej późniejszymi zmianami, nie została jak na razie opanowana przez biocentryczny punkt widzenia. Wprost przeciwnie, zauważamy tu bardzo zrównoważone i dostosowane do natury zwierząt (co ważniejsze, zdereifikowane, czyli odrzeczowione) odniesienie, które można odczytać już na samym początku:

„Zwierzę, jako istota żyjąca, zdolna do odczuwania cierpienia, nie jest rzeczą. Człowiek jest mu winien poszanowanie, ochronę i opiekę" (art. 1, ust. 1).

I choć ustęp 2 tego artykułu nakazuje w sprawach nie uregulowanych w tej ustawie, stosować do zwierząt odpowiednio przepisy dotyczące rzeczy, to przecież wiadomo, że odpowiednie stosowanie do zwierząt przepisów o rzeczach, nie może być rozumiane w ten sposób, że stosuje się do nich automatycznie wszystkie przepisy o rzeczach. Dereifikacja zwierząt zobowiązuje bowiem podmiot, stosujący prawo, do takiej interpretacji przepisów, która uwzględnia aksjologię prawnej ochrony zwierząt.

To, że zwierzęta nie są podmiotami moralnymi, oczywiście nie oznacza, że są poza moralnością, tzn. poza ochroną moralności, i należy je traktować jak rzeczy, zadając im zbędne cierpienia. **Istota problemu tkwi w moralnej strukturze człowieka i w jego humanitarnym podejściu do środowiska naturalnego, w tym i świata zwierzęcego.** W ramach tego humanitaryzmu mieści się ekologiczne nastawienie człowieka wyrażone w szacunku (do) i ochronie przyrody, którą głosi chrześcijańska etyka.

Etyka katolicka na temat traktowania zwierząt

Jak już mogliśmy zauważyć, błędem systemów biocentrycznych jest przede wszystkim odrzucenie antropocentryzmu, które stało się jakby warunkiem wstępnym uprawiania w ogóle ekologii, a w niej tzw. „nowej etyki"; ponieważ – w myśl tych systemów – to właśnie człowiek, ze swym przekonaniem o uprzywilejowanej pozycji w świecie i o dominacji nad stworzeniem, jest przyczyną degradacji środowiska naturalnego. Następnym błędem jest swoistego rodzaju ubóstwienie przyrody (na podstawie jej „wewnętrznej wartości") pod hasłem szacunku (wręcz, „kultu") dla życia, obejmujące tą witalną zasadą – obok przyrody ożywionej – również człowieka, tak przecież różnego istotowo od świata poza-ludzkiego; istnienie bowiem istotowych różnic pomiędzy wymienionymi bytami winno pociągać za sobą proporcjonalnie modyfikację należnego im szacunku. Wreszcie kolejnym błędem jest niebranie pod uwagę grzesznej (pękniętej) kondycji człowieka, wychodząc z założeń antropologii naturalistyczno-liberalnych. Doprowadziło to do tego, że nawet chrześcijański model antropologiczny zaczęto interpretować właśnie w tym duchu, naturalnej dobroci i absolutnej wolności człowieka. Nic więc dziwnego, że czytamy i słyszymy zarzuty biocentrystów, że chrześcijaństwo w istocie pozwala nam robić ze zwierzętami, co nam się żywnie podoba.

Nauka chrześcijańska bierze pod uwagę wszystkie te zakwestionowane elementy i wplata je w ogólną wizję świata, widzianą w świetle jej teologicznych i filozoficznych podstaw. I od razu trzeba tu zaznaczyć, że opiera się przy tym na przesłankach nie tylko rozumu ludzkiego, ale również na świetle Objawienia Bożego obecnego w Piśmie Świętym i Tradycji Kościoła. Jest to ważna wzmianka, jeśli mamy mówić o etyce chrześcijańskiej. Dla lepszej jednak komunikatywności z ludźmi np. niewierzącymi, lub z tymi dla których argumenty religijne nie odgrywają większej roli, obok racji teologicznych, przesłanki racjonalne (filozoficzne) mogą mieć dość istotną wartość argumentacyjną.

Podstawowe tezy etyki człowieka w jego relacji do zwierząt wynikają z ogólnych zasad etyki środowiska naturalnego, które osadzają się na czterech przesłankach:

- prymacie człowieka w świecie przyrody,
- instrumentalnej roli tej przyrody,
- postulatach kontemplacji, symbiozy i produkcji, oraz
- normach humanitaryzmu, roztropności i umiaru (A. Lipiński).

Chrześcijaństwo w oparciu o Pismo Święte, wychodzi z założenia, że człowiek jest istotą wyjątkową, z racji obdarowania przez Boga duchowym elementem, wyrażonym w jego naturze rozumnej i wolnej, co stanowi o jego podobieństwie do samego Boga, Którego jest też obrazem (por. Rdz 1, 26-27). Z tego faktu wynika właśnie jego godność osoby. Jest to wartość fundamentalna i absolutna, niezależna od gatunkowych (biologicznych) cech człowieka, stworzona poza nim i bez jego udziału. Trzeba szczególnie podkreślić tę specyfikę stanowiącą o godności osobowej człowieka, wobec wzmianki filoanimalistów mówiących o godności zwierzęcia. Szczególnie niebezpiecznie przedstawia się tu postulat wzmiankowanego już P. Singera, który domaga się zmiany tradycyjnej etyki chrześcijańskiej, podkreślającej godność osoby, na etykę tzw. „jakości życia", czyli interesu.

Wyjątkowość osoby ludzkiej potwierdza jeszcze inna prawda biblijna, że człowiek został stworzony jako ostatni z bytów ziemskich, stając się poniekąd „koroną" stworzenia, odpowiedzialnym za to stworzenie przed Bogiem, właśnie z racji swej rozumnej natury; tym bardziej, że otrzymał od Boga nakaz *czynienia sobie ziemi poddaną"* (Rdz 1, 28), co też czyni przez wytwory kultury, przedłużając niejako stwórcze, a po upadku grzechowym, zbawcze (w Jezusie Chrystusie) dzieło Boga.

Z jednej strony jest więc prawdą, że człowiek stanowi wspólny element z przyrodą przez fakt bycia istotą stworzoną. Z tego wynika wartość samej przyrody jako dobra stworzonego odzwierciedlającego dobroć Boga (por. Rdz 1, 1-2). Właśnie ten fakt bycia stworzeniem Bożym, dodatkowo odnowionym przez Chrystusa, stanowi o szacunku, jakim chrześcijanin winien darzyć przyrodę; na wzór św. Franciszka z Asyżu, który nie wahał się nadać jej poszczególnym elementom miana braci i sióstr, mając na względzie wspólne całemu stworzeniu, w tym również człowiekowi, Boże ojcostwo, pochodzenie czy źródło. Wiemy, że to właśnie Franciszka papież Jan Paweł II obrał w 1979 r. patronem ekologii.

Jednakże z drugiej strony, zdolność rozumowa daje człowiekowi wyjątkową pozycję w tym świecie, czyniąc go odpowiedzialnym za wszystkie stworzenia. Idea ta występuje najwyraźniej przy stwarzaniu zwierząt (por. Rdz. 2, 18n.). One to mają stanowić dla człowieka pomoc oraz mają mu towarzyszyć. On zaś, ze swej strony, powinien jednocześnie nad nimi „panować" (por. Rdz 1, 26-28). Myśl tę wyraża najdobitniej nadawanie im imion. Imiona zwierząt mają być takie, jakie nadał im człowiek. Ten, z kolei musi przyjąć zwierzęta takie, jakie zostały stworzone, lecz poprzez nadanie im imion wyznacza im miejsce w świecie oraz określa konkretne ich przeznaczenie.

Wielką kontrowersję wzbudzało w swoim czasie sformułowanie „panowanie" człowieka nad przyrodą, rozumiane nieopatrznie w kontekście dzisiejszej nieumiarkowanej eksploatacji i dewastacji środowiska naturalnego. „Panowanie" biblijne nie upoważnia na pierwszym miejscu do stosowania przemocy, lecz zobowiązuje (również) do służby i troski o utrzymanie przestrzeni życiowej. Na starożytnym Wschodzie nie przypadkowo więc mówiono o panującym jako o pasterzu. Ponadto, biorąc pod uwagę szerszy kontekst biblijnego opisu stworzenia, trzeba zauważyć, że po stworzeniu Pan Bóg dał człowiekowi ogród, aby *uprawiał go i doglądał (strzegł)"* (Rdz 2, 15). „Uprawianie" (hebr. abad) i „doglądanie" (hebr. samar) ziemi należy do kultury człowieka w pierwotnym jej znaczeniu. Z tego wynika prymat człowieka w świecie przyrody. Jest to pojęcie, które ma zastosowanie w argumentacji filozoficznej.

Ks. Dr Ryszard Groń

Rzeczywiście, niezależnie od fundamentu biblijnego, wyraźnie widać wyjątkowość człowieka na tle całej przyrody. Żadne inne stworzenie, a już szczególnie obdarzone swoistym psychizmem zwierzęta, nie ma samoświadomości, uzdalniającej go do wolnej samodeterminacji w kierunku obranego przez siebie celu, jak to jest w przypadku człowieka. To stanowi o jego godności osoby, podmiotowości. Tylko człowiek jako osoba może być sprawcą odpowiedzialnego, moralnego działania. Sama przyroda nie daje nam wzorców zachowania się. Sieje bowiem zniszczenie i udręczenie, wywołuje cierpienie i powoduje śmierć. W świecie zwierząt panują działania płynące z instynktów. Nie ponoszą one za to żadnej winy. Odpowiedzialność moralną może ponosić tylko człowiek. W ten sposób osoba jest czymś najdoskonalszym w przyrodzie.

Zwierzęta podlegają bezwzględnie prawu natury jako przedmioty tego prawa, ponieważ inklinacje naturalne determinują całkowicie ich postępowanie. Człowiek jednak działa jako podmiot prawa, sam w akcie wolnej decyzji determinując siebie do działania w kierunku poznanego i umiłowanego dobra swej natury. Zwierzęta nie uczestniczą z nami w uprawianiu i pielęgnowaniu świata. W znacznym stopniu pozostają do dyspozycji człowieka służąc mu do jego samorealizacji i stając się poniekąd środkiem jego doskonalenia, a przez to i doskonalenia świata. Tak więc tylko człowiek jako byt rozumny może być uznany za podmiot moralności. Źródła moralnych postaw w stosunku do zwierząt należy zatem poszukiwać nie w zwierzętach, ale poza nimi, w człowieku.

Przyroda (a w niej i zwierzęta) stanowiąc środek, na różne sposoby stwarza warunki do zachowania egzystencji i moralnego rozwoju człowieka. Środek ten przybiera potrójną postać powiązań człowieka z przyrodą, czyniąc z niej dla człowieka przedmiot: - kontemplacji, - symbiozy i - produkcji.

Pierwsza z tych dziedzin stanowi wyraz aktywności duchowych uzdolnień człowieka, a więc poznawczych, wolitywnych i estetycznych, dzięki którym osoba ludzka poprzez przyrodę realizuje swoje dążenia do prawdy, dobra i piękna w najróżnorodniejszych postaciach (literatura piękna, sztuka...).

Sfera symbiozy człowieka z przyrodą dotyka tych elementów przyrody, od których zależy stan biologicznego i psychicznego zdrowia człowieka. Stąd wyrósł właśnie współczesny problem ekologiczny, co jest najlepszym dowodem doniosłej roli przyrody w kształtowaniu biologicznych warunków życia i rozwoju człowieka.

Wreszcie przyroda jawi się jako warsztat pracy człowieka; najbardziej typowym jej przejawem jest praca produkcyjna i usługi; bez nich żaden postęp nie byłby możliwy. Tak człowiek przetwarzając w toku pracy przyrodę, stwarza w pewnym stopniu samego siebie.

Te trzy poziomy relacji człowieka do przyrody, by były naznaczone moralnością, muszą mieć zapewnione niezbędne warunki rozwoju. W myśl tego, przysługuje zatem człowiekowi prawo do kontemplowania (tzn. poznawania, miłowania, estetycznego przeżywania) przyrody, do zachowania jej w stanie niezbędnym do utrzymania odpowiednich dla niego warunków życia, i do twórczego jej przetwarzania. Z tymi prawami idą w parze i obowiązki: uszanowania moralnego ładu wyrażonego przez stosunek człowieka względem przyrody i zachowania tego ładu w jego postępowaniu.

„Człowiekowi zatem przysługuje prawo i obowiązek traktowania środowiska naturalnego zgodnie z jego potrójną funkcją w kształtowaniu moralnej doskonałości człowieka jako osoby. A więc winien on szanować przyrodniczy status środowiska naturalnego, chronić je przed dewastacją i używać w granicach wyznaczonych racją rozumnego zharmonizowania przysługujących mu uprawnień" (K. Lehman).

Tak pojęte panowanie człowieka nad przyrodą ks. T. Ślipko nazywa *„etyką włodarzenia człowieka nad przyrodą, zgodnie z własną moralną naturą i godnością"*.

Papież Jan Paweł II wyznacza dwie granice dla panowania (włodarzenia) człowieka nad światem przyrody: pierwszą jest sam człowiek, drugą są same istoty stworzone, czy raczej wola Boża wyrażona w ich naturze. Znaczy to, że człowiek nie może wykorzystać przyrody przeciwko własnemu dobru i dobru innych ludzi w teraźniejszości i przyszłości. Nie może też czynić ze zwierzętami tego, co mu się żywnie podoba; wprost przeciwnie, ma okazywać z nimi solidarność, uznając ich instynkty i tropizmy za przejaw prawa natury, tzn. szanując ich własne prawa i porządek.

Inne, nierzadko eksploatacyjne (dewastacyjne) traktowanie przyrody przez człowieka, wyrażające się w utylitarystycznych i konsumpcyjnych tylko postawach, wiąże się z kondycją grzeszną człowieka, której jakoś nie biorą pod uwagę współczesne pozachrześcijańskie systemy ekologiczne. Biblia tłumaczy je upadkiem grzechowym człowieka i nieposłuszeństwem Bogu. W związku z tym pojawiło się zło w świecie i śmierć, mające swoje źródło w sercu (tzn. w moralnie złej, nieuporządkowanej postawie) człowieka. Wraz z człowiekiem (z jego nieuporządkowaniem) skażenia doznało całe jego środowisko naturalne (por. przekleństwo węża, ziemi, Rdz. 3, 14.17). W przypadku nadużyć w stosunku do tego środowiska mówi się dziś o tzw. **grzechu ekologicznym**. Stworzenie, z człowiekiem na czele, doznało jednak odkupienia w osobie Jezusa Chrystusie, we Wcieleniu Syna Bożego, który poprzez swoje życie uświęcił całą Naturę, poprzez swoje Zmartwychwstanie i Wniebowstąpienie poderwał wszystko z powrotem ku Ojcu. Od tej pory aż do Paruzji (powtórnego przyjścia Jezusa na końcu czasów) trwa powolny proces powrotu wszystkiego stworzenia do Boga, z odnawiającym się przez łaskę (miłość) Bożą człowiekiem na czele (por. Ap 21, 1; Rz 8, 19-22), pod warunkiem nawrócenia tego ostatniego.

Niezależnie jednak od tego, jaka będzie nasza opinia na temat grzechu pierworodnego czy upadku człowieka, o którym mówi Biblia, doznajemy w (i na) sobie nie raz moralnego nieuporządkowania, które pociąga za sobą degradujące człowieka i jego naturalne środowisko skutki. Stąd płynie postulat i moralny obowiązek obrony i ochrony środowiska naturalnego. Biblijnymi motywami tej ochrony są:

– szacunek do środowiska jako dzieła Bożego jest szacunkiem i formą uwielbienia wobec Boga Stworzyciela, a jego brak – zdradza grzeszną postawę względem Niego;

– kierowanie się w jej ochronie rozsądkiem i mądrością są doskonałą realizacją Bożego polecenia: *„Czyńcie sobie ziemię poddaną"*;

– niszczenie środowiska jest niszczeniem samego człowieka, stanowiąc pośrednio wykroczenie przeciwko przykazaniu: „nie zabijaj";

– ochrona środowiska, w tym zwierząt, stanowi realizację Chrystusowego przykazania miłości;

– ochrona środowiska, więc i zwierząt, jest powolnym przygotowaniem do Paruzji, do *„nieba nowego i nowej ziemi"*, kiedy to Bóg uczyni *„wszystko nowe"* (Ap 21, 5).

Obok tych biblijnych motywów należy dodać inne racjonalne przyczyny, o których wspomniał papież Jan Paweł II, wyznaczając granice panowania człowieka nad światem, a jest nim osobowa pozycja człowieka oraz natura stworzeń. T. Ślipko wskazuje, w związku z tym, na obowiązek traktowania zwierząt z maksymalną dozą humanitaryzmu, proporcjonalnie do roli, jaką pełnią one w życiu człowieka, oraz kierowanie się roztropnością i umiarem w korzystaniu z postulatów kontemplacji, symbiozy i produkcji.

Nie ma więc potrzeby, aby dla ochrony środowiska, w tym zwierząt, ustanawiać dla nich specjalne prawa. Owszem istnieją „prawa" roślin i zwierząt, przynajmniej w tym sensie, że skoro wszystkie rzeczy są stworzone, to mają wewnętrzną wartość i powinny być zgodnie z nią traktowane. Lecz prawa każdego stworzenia zależą od jego natury i prawa zwierząt nie są takie same jak prawa człowieka. Nazywanie ich prawami stwarza niebezpieczne zamieszanie. W takim sensie stworzenia mają prawo do tego, by człowiek wykazywał wrażliwość na ich los i traktował je zgodnie z ich naturą oraz sensem istnienia, który jest przyporządkowany dobru całego kosmosu oraz istnieniu i rozwojowi gatunku ludzkiego. Wydaje się, że właśnie tymi przesłankami kierują się dziś ustawodawcy w ustalaniu norm ochrony środowiska, w tym zwierząt, o czym sygnalizowaliśmy już wyżej.

Trzeba przyznać, że historycznie rzecz biorąc, bardzo nowatorska była Ustawa Prezydenta Rzeczypospolitej Polski, I. Mościckiego, z 1928 r. o ochronie zwierząt, zabraniająca wprost znęcania się nad zwierzętami i precyzująca konkretne ich przypadki, nakładając za nie kary. Odpowiednie regulacje prawne stworzyła Rada Europy, przyjmując konwencje o ochronie zwierząt hodowlanych (1976), na rzecz ochrony zwierząt rzeźnych (1979), ochrony zwierząt podczas transportu międzynarodowego (1968), na rzecz ochrony zwierząt domowych (1987) oraz zwierząt wykorzystywanych w eksperymentach i do celów naukowych (1986).

Jeżeli chodzi o konkretne przypadki etycznego traktowania zwierząt, nauka katolicka proponuje zdroworozsądkowe i humanitarne rozwiązania. Zadawanie zwierzętom cierpień w tym stopniu, w jakim jest to konieczne dla zabezpieczenia żywych interesów człowieka (odzieży, pożywienia), staje się moralnie dopuszczalne, byleby było dokonywane w sposób humanitarny. Wszelkie zadawanie zbędnych, nieuzasadnionych cierpień, o których wspominaliśmy na samym początku, jest moralnie naganne i niegodne człowieka jako osoby.

Szczególnym przypadkiem sprawiania bólu jest wiwisekcja w różnych postaciach: doświadczenia na żywych zwierzętach, bez znieczulenia, cięcia chirurgiczne, bicie, zakażanie, zatruwanie, wywoływanie sztucznych zaburzeń w funkcjonowaniu żywego organizmu, ale również testowanie leków, środków chemicznych czy dokonywanie krzyżówek genetycznych. Wszystko zależy tu od intencji, pobudek i innych okoliczności, w których człowiek podejmuje tego rodzaju działania. W pewnych warunkach działania te mogą okazać się moralnie usprawiedliwione i dopuszczalne, w sytuacjach rzeczywistej konieczności, tj. gdy chodzi o realizację w pełni racjonalnych, czyli niezbędnych dla postępu nauki celów badawczych. Należy tu jednak zawsze wykluczyć znęcanie się nad zwierzętami.

Literatura przedmiotu:

A. B o h d a n o w i c z, *Od etyki godności osoby do etyki interesu. Peter Singer i jego próby zmiany paradygmatu etycznego*, w: *Moralne aspekty przemian cywilizacyjnych*, red. J. Nagórny, A. Derdziuk, Lublin 2001, s. 91-110.

S. C a l d e c o t t, *Prawa zwierząt*, w: „Communio" (pol.) 12(1992), nr 6, s. 98n.

S. R. L. C l a r k, *The moral Status of Animal*, Oxford 1977; tenże, *Prawa zwierząt*, „Etyka" 18(1980), s. 77-85.

M. D u b i n i n, *Święty Franciszek i jego brat słońce*, „Więź" 7(1998), s. 105-112.

W. E m p e l, *Lekarz weterynarii wobec cierpień zwierząt*, „Życie Weterynaryjne" 6(1992), s. 121-124.

M. F i l i p i a k, *Godność osoby w świetle opisu stworzenia człowieka*, w: „Zeszyty Naukowe KUL", 16(1973), z. 2, s. 29n.

A. F r i s z k e, *Zwierzęta a człowiek rozumny*, „Więź" 1998, nr 7, s. 29-39.

R. Groń, *Chrześcijańskie traktowania zwierząt*, w: „Ateneum kapłańskie", 138 (3,2002).

J a n P a w e ł II, List Apostolski „Inter sanctos", z 29 listopada 1979 r.; tenże, *Przemówienie do uczestników konferencji „Człowiek i środowisko"*, z 18 maja 1990; w: *Listy Pasterskie Ojca Świętego Jana Pawła II*, Kraków 1997, s. 604-605.

I. L a z a r i - P a w ł o w s k a, *Kręgi ludzkiej wspólnoty*, „Etyka" 18(1980), s. 213n.

K. L e h m a n n, *Stworzoność człowieka podstawą jego odpowiedzialności za ziemię*, w: „Communio"(pol.) 12(1992), nr 6, s. 50-53.

A. L i p i ń s k i, Elementy prawa ochrony środowiska, Zakamycze 2001.

T. L i s z c z, *Zwierzęta w prawie stanowionym*, „Więź" 1997, nr 7, s. 46-54.

J. L o v e l o c k, *Gaia: A New Look at Life on Earth*, New York 1979.

Ochrona środowiska społeczno-przyrodniczego w filozofii i teologii, red. J.M. Dołęga, J.W. Czartoszewski, A. Skowroński, Warszawa 2001.

R. R o g o w s k i, *Zwierzęta nasi mniejsi bracia*, „Więź" 1998, nr 7, s. 11-21.

D. R y d e r, *Szowinizm gatunkowy, czyli etyka wiwisekcji*, „Etyka" 18(1980), s. 39-47; tenże, *Victims of Science. The Use of Animals in Research*, London 1976.

O. S c h m u c k i, Św. *Franciszka z Asyżu mistyczna wizja świata i stworzeń oraz jej szczególna rola w warunkach dzisiejszego życia*, w: „Ateneum Kapłańskie" 88(1977), s. 39-52.

P. S i n g e r, *Animal Liberation. Towards an End to Man's Inhumanity to animals*, London 1977; tenże, *Rozważania o śmierci i umieraniu. Upadek etyki tradycyjnej*, Warszawa 1985; tenże, *Zwierzęta i ludzie jako istoty równe sobie*, „Etyka" 18(1980), s. 49n.

A. S t r y s z a k, *O podstawowych problemach etyki weterynaryjnej*, w: „Życie Weterynaryjne" 5(1993), s. 99n.

T. Ś l i p k o, *Granice życia. Dylematy współczesnej bioetyki*, Warszawa 1984.

T. Ś l i p k o, A. Z w o l i ń s k i, *Rozdroża ekologii*, Kraków 1999.

S. Zięba, *Religia a ekologia*, w: Konferencje ekologiczne, Lublin 1995.

A. Z w o l i ń s k i, *Człowiek wobec przyrody*, w: *Człowiek – Osoba – Płeć*, red. M. Wójcik, Łomianki 1998, s. 241-252.

A. Zwoliński, *Ekologizm, kult zielonej Gai*, Kraków 1995.

5

Ideologia gender

W ostatnim czasie jesteśmy świadkami wielkiej batalii tzw. środowisk postępowych na rzecz genderyzmu, ideologii tzw. płci kulturowej wspieranej mocno i szeroko reklamowanej przez środki masowego przekazu. Wiązało się to, jak zwykle w takich sytuacjach, z atakiem na katolickie stanowisko dotyczące tradycyjnego porządku społeczno-kulturowego, w tym rodziny i Kościoła. Do tego stopnia sięgnęła bezczelność tych środowisk, że wysyłały one petycje do papieża domagając się zrewidowania nauki moralnej i społecznej Kościoła w odniesieniu do tzw. naukowego genderyzmu. Ot chociażby wspomnieć tu list skrajnych feministek zrzeszonych wokół Ligi Polskich Kobiet wysłany do papieża w grudniu 2013 roku, w którym oskarża się Episkopat Polski o ignorancję w sprawie genderyzmu, jaką ten miał wykazać się w swej odezwie do Ludu Bożego w Uroczystość Świętej Rodziny. Tymczasem analiza tej odezwy wykazuje dogłębne zrozumienie problemu i świadomość niebezpieczeństwa, jakie ta ideologia niesie ze sobą w praktyce.

Poza uwagą, że już kiedyś przerabialiśmy podobne naukowe podejście do niejednej ideologii (np. tzw. naukowy socjalizm, czy tzw. świeckie światopoglądy naukowe, nauczane również na uniwersytetach), sam problem genderyzmu potrzebuje specjalnego potraktowania, by ukazać jego zgubne konsekwencje dla przyszłości społeczeństwa, Kościoła, państw i dla całej ludzkości. Ponadto, każdy katolik potrzebuje rzetelnej i zwięzłej wiedzy, by wiedzieć jak się do niego ustosunkować i jak jemu ewentualnie zaradzać.

Pojęcie *gender*

Nikt nie przypuszczał, że niewinnie brzmiące pojęcie *gender* (łacińskie: *genus*) używane w języku angielskim dla określenia rodzaju gramatycznego (męskiego, żeńskiego czy nijakiego), stanie się dziś źródłem tak wielkiego wyzwania dla Kościoła i współczesnego człowieka. Ideologia *gender* uczyniła go kluczowym słowem dla **szerzenia nowego relatywizmu etycznego związanego z rozpasaniem seksualnym.** Jej zwolennicy, pod szyldem, tzw. *gender mainstreaming* (dosł. główny nurt genderowy), nadali pojęciu *gender* kulturowego ciężaru gatunkowego, który ma decydować o **dowolnym wyborze przez każdą jednostkę jej płci i kierunku rozwoju, bez brania pod uwagę jej naturalnych, biologiczno-psychologicznych uwarunkowań.** Chociaż wydaje się to absurdem, jednak według tego nowego nurtu to już **nie biologiczna płeć** (z ang. *sex*), wraz z całym kontekstem somatyczno (cielesno) – psychologicznym danego człowieka, **decyduje o jego tożsamosci seksualnej, ale jej kulturowy wpływ, który można od początku dowolnie wybrać, stymulować i kształtować.** W rezultacie, to nie obiektywny fakt w oparciu o biologiczno-psychologiczne objawy będzie decydować o tym czy jestem mężczyzną czy kobietą, ale **subiektywne przekonanie danego człowieka, który czuje się mężczyzną lub kobietą, nawet wtedy kiedy biologicznie nim nie jest.** W ten sposób dochodzi się do usprawiedliwiania zachowań homoseksualnych i transeksualnych, które teraz nie są już przejawem choroby czy dewiacji, jak to dotychczas rozumiano, ale jedną z licznych form płci genderowej. W kształtowaniu tej ideologii mają pomóc naukowe studia promowane na wszystkich uniwersytetach świata, tzw. **gender studies**, które są również odpowiedzialne za **tworzenie specjalnych programów wychowawczych i orientacyjnych dla dzieci, młodzieży i różnych grup społecznych.** Tak to *gender* stało się pojęciem określającym tzw. płeć kulturową, tj. płeć, którą wbrew dotychczasowej logice i tradycyjnej kulturze (nie tylko chrześcijańskiej), można wybrać, ukierunkować i dowolnie praktykować. Skutki takiego stanu rzeczy są katastrofalne, a szerzenie podobnej ideologii służy dla usprawiedliwienia rozpasania seksualnego pod każdą formą, co wykazuje dotychczasowa praktyka.

Ks. Dr Ryszard Groń

Współczesne znaczenia zjawiska *gender*

Jedna ze współczesnych polskich badaczek tego zjawiska (związana ze środowiskiem Kultury Liberalnej), Emilia Kaczmarek, chcąc wytłumaczyć różnorodność znaczeniową pojęcia *gender* i wynikające z tego nieporozumienia, widoczne w powoływaniu się na nie różnych środowisk, podaje ich zastosowanie w wielu dziedzinach współczesnej nauki i kultury.

W **socjologii** ma ono za zadanie uchwycić wszystko to, co łączy się z tożsamością płciową człowieka, ale nie ma podstaw biologicznych, np. różny sposób ubierania się mężczyzn i kobiet, ich role społeczne zmieniające się na przestrzeni dziejów i odmienne w różnych kulturach. W ten sposób, jak tłumaczy badaczka, chce się zachować neutralny (płciowo) opis naukowy.

W **politologii** *gender* jest używane do opisu relacji między płcią a władzą i miejscem w hierarchii społecznej. Jest to ujęcie ONZ – towskie, które dąży do ukazania kategorii globalnych grup marginalizowanych, umieszczając wśród nich kobiety obok młodzieży czy ludów autochtonicznych. Chodzi na ogół o kwestię politycznej i ekonomicznej pozycji kobiet.

Wpółczesny **nurt kulturowy** używa dziś pojęcia *gender mainstreaming*. Jest to sformułowanie odsłaniające strategię polityczną przyjętą przez Unię Europejską (UE), czyli jej działanie na rzecz równouprawnienia (jak podkreślają jego teoretycy, nie dekonstrukcji płci) kobiet i mężczyzn. Tym samym, tematyka płci i równouprawnienia jest elementem unijnej polityki mającej nie dopuścić do marginalizacji problemów kobiet.

Gender funkcjonuje również w specjalnych **gender studies** (studiach genderowych), które zajmują się badaniami nad płcią kulturową w różnych dziedzinach nauki: filozofii, antropologii, psychoanalizy. Jako taki, wyłonił się on z badań feministycznych, przez co można przypuszczać, że nadaje samym studiom podobny charakter.

Gender znalazł również zastosowanie w tzw. **teorii queer** (*queer*, z ang. dziwny, dziwaczny), czyli teorii odmienności związanej ze społecznością LGTB (lesbijsko-gejowsko-trans-biseksualną), w której wprost neguje się rozróżnienie na płeć kulturową i biologiczną, uważając

---

że płeć biologiczna jest konstruktem kulturowym. Z tej perspektywy nazywanie chłopców chłopcami, a dziewczynek dziewczynkami jest opresyjnym kształtowaniem ich tożsamości. Teoria ta, według autorki, jest nauczana na uniwersytetach podczas studiów nad filozofią poststrukturalistyczną i jawi się jako najbardziej skrajna forma genderyzmu.

W umiarkowanym ruchu feministycznym, w tzw. **feminizmie różnicy**, *gender* jest interpretacją płci biologicznej, bez radykalnego zatarcia różnicy między kobietami a mężczyznami. Dla tego rodzaju feministek tradycyjna kobiecość jest wartościowa i należy ją docenić, a nie dekonstruować (przemieniać).

Wreszcie, konkluduje autorka, funkcjonuje dziś zwrot **ideologia gender**, czy **genderyzm**, którym operuje Kościół katolicki, wsadzający do jednego worka wszelkie przejawy nowej rzeczywitości związanej z *gender*. Kaczmarek rozumie, że Kościół sprzeciwia się samemu rozróżnieniu na *sex* i *gender* uważając, że role mężczyzn i kobiet są inne na mocy prawa naturalnego, a macierzyństwo kobiet (jak i ojcostwo mężczyzn, o czym się nie wspomina) jest ich powołaniem, a nie rolą społeczną, którą można kształtować. Ale takie podejście (wprawdzie autorka nie wyraziła tego na głos, co można jednak wywnioskować z kontekstu artykułu i profilu czasopisma), z perspektywy „nowości" gender będzie musiało pewnie przejść do historii.

Początki „naukowego" genderyzmu

Rzeczywiście, Emilia Kaczmarek bardzo trafnie ujęła fundamenty sprzeciwu Kościoła wobec nowego ruchu genderowego, bez względu na to jaką przyjął on formę. W istocie, jego skrajna postać (*queer*), wyostrza tylko niebezpieczeństwo całego genderyzmu, bowiem jest ono osadzone na błędnym fundamencie – dowolnego wyboru płci kulturowej – którego nie da się pogodzić ze zdroworozsądkowym nauczaniem opartym o obiektywny stan rzeczy.

Początki tzw. „naukowemu" rozumieniu genderyzmu dały błędne badania amerykańskiego psychologa **dr Johna Money'a** (1921-2006) z Hopkins University w Baltomore. To on, w 1955 roku, po raz pierwszy miał wysunąć tezę, że o tym kim jesteśmy nie decyduje płeć biologiczna, ale kulturowa zależność, którą określił pojęciem *gender*. Twierdził, że zwłaszcza w okresie pierwszych dwóch lat życia dziecka można zmienić jego płeć, bez żadnego uszczerbku dla jego późniejszego rozwoju psychicznego; wystarczy tylko, gdy się go wychowa do danej roli: chłopca lub dziewczynki. Jemu zawdzięcza się ukucie pojęcia „rola według płci" (*gender rule*), które miało oznaczać możliwość kulturowego ukierunkowania danej jednostki do jej roli chłopca lub dziewczyny.

Dziesięć lat później, teorię tę w nieco zmodyfikowanej postaci (z położeniem akcentu na przewagę wrodzonego elementu żeńskiego w rozwoju dziecka, niezależnie od jego płci) głosił **Robert Stoller** (1924-1991), inny amerykański psychiatra, z Kalifornijskiego Uniwersytetu w Los Angeles, uważany dziś za twórcę genderyzmu w naukach społecznych. To on, w 1958 roku ukuł pojęcie „tożsamości płciowej" (*gender identity*) i wprowadził je na sztokholmskim Międzynarodowym Kongresie Psychoterapii, w 1963 roku. Twierdził on, że rodzice i kultura wnoszą więcej w tożsamość płciową dziecka niż cechy biologiczne. Jak twierdzi specjalistka w dziedzinie genderyzmu, M. Peeters, z chwilą opublikowania przez niego książki *Płeć i gender. Rozwój męskości i kobiecości* (*Sex and Gender. The Development of Masculinity and Femininity*) w 1968 roku, *tożsamość płciowa* zaczęła oznaczać psychologiczne odczucie (niezależne od płci) bycia mężczyzną lub kobietą, a *rola według płci* odnosi się do tego, co nazywa się męskimi i żeńskimi „stereotypami" kulturowymi narzucanymi przez społeczeństwo (M. Peeters, 52-57).

Money swoją teorię mógł sprawdzić w latach sześćdziesiątych, kiedy nadarzyła się okazja wdrożenia jej w życie. Sprawą doktora zainteresowała się bowiem **kanadyjska rodzina Reimerów**, która poprosiła go o pomoc w „ukierunkowaniu" płciowym jednego z jej bliźniaczych synów Bruce'a, któremu w wyniku operacji laserowej wycięcia napletka uszkodzono małego penisa. Dr Money nakazał zmienić imię Bruce'a na Brandę i wychowywać chłopca na dziewczynkę dostosowując zabawki i ubrania właściwe dla dziewcząt. Chłopiec od początku nie chciał się pogodzić ze swoją rolą dziewczynki, będąc za radą doktora zmuszany do obleśnych czynów seksualnych ze swoim bratem i karmiony obrazkami pornograficznymi. Horror dziecka skończył sie w wieku 13 lat, kiedy Bruce-Branda zagroził rodzicom że popełni samobójstwo. Wtedy zmieniono psychoterapeutę i opowiedziano dziecku całą prawdę.

Ponownie zmieniono wygląd chłopca; Bruce-Branda przyjął nowe imię Dawida. Wydawało się, że wszystko wróciło do normalności, a Dawid nawet się ożenił. Niestety w 2004 roku Bruce-Brenda-Dawid popełnił samobójstwo, strzelając sobie w głowę po kilku nieudanych wcześniej próbach. Okazało się, że jego brat bliźniaczy, Brian, który wraz z nim przechodził seksualne eksperymenty dr. Money'a, dwa lata wcześniej również popełnił samobójstwo przez przedawkowanie antydepresantów.

Fakty te ujrzały światło dzienne dopiero po kilkunastu latach, lecz nie były już one w stanie zatrzymać pochodu genderyzmu w świecie, który szybko został opanowany przez skrajny feminizm. Ten ostatni wchłonął ich wyniki badań, by się nimi posłużyć ideologicznie i przejąć jego naukowy aparat pojęciowy.

Ideologia gender: walka płci

Kolejnym etapem „unaukowienia" genderyzmu było przejęcie aksjomatu marksistowskiego o walce klas i uczynienie go sztandarem skrajnego nurtu feministycznego, który szybko nadał ton całemu ruchowi genderowemu, pod szyldem walki płci. Jest prawdą, że pozycja kobiety w dotychczasowej kulturze była rzeczywiście pomniejszana i podporządkowana mężczyznie, dlatego z początku kobiety słusznie walczyły z nadużyciami, niesprawiedliwym traktowaniem i upokarzającymi je stereotypami, czego rezultatem okazały się wywalczone przez nich prawa, które gwarantowały im równy status.

Jednak skrajny odłam feminizmu lat siedemdziesiątych ubiegłego stulecia nie zadowolił się tymi rozwiązaniami i w myśl Engelsa postulował nową wizję człowieka wyklarowaną przez walkę płci, co w ujęciu feminizmu oznaczało uwolnienie kobiet z ich patriarchalnego jarzma rodziny i macierzyństwa, by dać upust nieskrępowanej moralnie wolności, czyli rozwiązłości seksualnej. Jedna z pierwszych twórczyń skrajnego nurtu feministycznego, **Shulamith Firestone** (1945-2012), ujęła to wprost w swej książce z 1970 roku (*The Dialectic of Sex*):

„Aby wyeliminować klasy płciowe, klasa podrzędna (kobiety) musi się zbuntować i przejąć kontrolę nad reprodukcją (...). To oznacza, że celem rewolucji feministycznej jest nie tylko usunięcie przywilejów mężczyzn,

co było celem ruchu feministycznego, lecz wyeliminowanie różnicy między płciami; różnice płciowe nie będą już więcej miały żadnego znaczenia" (za: Dale O'Leary).

Inna przedstawicielka tego ruchu, **Kate Millet** (ur. 1934), w swej książce z 1969 roku, pt. *Sexual politics*, pisała:

„Nie ma różnicy między płciami w chwili urodzin. Osobowość psychoseksualna jest więc czymś wyuczonym po narodzeniu" (za: Dale O'Leary).

Słowa te podsumowywały doskonale wypociny „naukowe" innych czołowych skrajnych feministek: **Simone de Beauvior** (1908-1986), która twierdziła, że *„nie rodzimy się kobietami, ale stajemy się nimi"* (*Druga płeć*, 1949, za: M. Peeters), czy **Judith Butler** (ur. 1956), twórczyni najbardziej skrajnej formy genderyzmu (*queer*), która wprost uważała, że *„płeć społeczna nie ma żadnego związku z płcią biologiczną"* (za: M. Peeters).

Następnym etapem było uwolnienie relacji seksualnych od ich instytucji małżeństwa heteroseksualnego. Współczesna przedstawicielka feminizmu i genderyzmu w filozofii, **Alison Jagger,** w swoich kursach dla kobiet tak ukazuje cel nowego feminizmu:

„Zniesienie rodziny biologicznej wyeliminuje także potrzebę opresji seksualnej. Męski i żeński homoseksualizm oraz pazamałżeńskie stosunki płciowe nie będą już postrzegane w optyce liberalnej jako opcje alternatywne (...). Sama 'instytucja' współżycia płciowego, gdzie kobieta i mężczyzna odgrywają określone role, zniknie. Ludzkość będzie mogła wreszcie wrócić do swej naturalnej, wielopostaciowej i perwersyjnej seksualności" (za: Dale O'Leary).

Tak ujęte hasła nie mają już nic wspólnego z filozofią, bo ta z założenia poszukuje prawdy o rzeczywistości, a tu przecież nikt jej nie pożąda. Genderyzm stał się po prostu kolejną postacią tzw. „naukowej" ideologii walki płci usprawiedliwiającą obyczajową destrukcję i permisywny (przyzwolony) panseksualizm (powszechny seksualizm).

Genderyzm wdrażany w życie

Śledząc losy współczesnego genderyzmu można zauważyć jego mocny alians ze skrajnym ruchem feministycznym. Wydaje się, jakby skrajne feministki chciały wziąć sprawy w swoje ręce i poprzez genderyzm dokonać rewanżu za dziejowe krzywdy, jakie mężczyzni wyrządzili kobietom.

Szczególnej krytyce został poddany Kosciół katolicki, jako główny odpowiedzialny za dotychczasowy stan rzeczy. W mniemaniu tego nurtu feminizmu, męski Bóg Jahwe, mężczyzna Jezus Chrystus, patriarchalny porządek semicki usankcjonowany przez listy pawłowe i praktykę Kościoła – to główne faktory, które od początku stawiały kobietę w pozycji poddańczej niewolnicy, powołanej jedynie do rodzenia i wychowywania dzieci; i to tylko w środowisku rodziny monogamicznej instytucjonalnie usankcjonowanej. Dlatego jeszcze do niedawna kobieta nie mogła korzystać z tych samych praw co mężczyzna, a skutki nadużyć seksualnych obydwu stron i tak zawsze spadały na kobietę.

Na szczęście teraz, uważają skrajne feministki, genderyzm stał się sposobem, by to zmienić, by przywrócić kobiecie należne, równowartościowe miejsce w życiu społecznym. W pierwszym rzędzie należy uwolnić się od religii i jej powszechnego wpływu na wszelkie dziedziny życia społeczno-politycznego. Miał temu służyć ateizm i hasła świeckiego humanitaryzmu, głoszone w duchu liberalnego (niczym nieskrępowanej wolności) utylitaryzmu[29] (o ile służy mojemu spełnieniu) i demokratycznych standardów, w których nie będzie miejsca na Boga i chrześcijański system wartości. Te ewentualnie przepadną na tle szerszego, ogólnoludzkiego systemu, w którym każdy będzie miał prawo swobodnego wyrażania się i spełniania zgodnie z własnym punktem widzenia. W tym przypadku chodziło również o uwolnienie z ryzów moralności wszelkich dotychczasowych zakazów (antykoncepcji, aborcji, rozwódów, eutanazji) i dewiacji seksualnych, by uczynić je przejawami nowych genderowych postaw (bi-, homo-, transeksualizmu itp.).

Orężami walki stały się: nowa edukacja seksualna, szczególnie dzieci i młodzieży, tolerancja, domagająca się równych praw

---

[29] Utylitaryzm (z łac. *utilitas*, pożytek, korzyść), koncepcja etyczna zrodzona w XVIII wiecznej Anglii (J. Betham, J. S. Mill) uznająca za moralnie dobre te działania, które poprzez zaspokajanie egoistycznych potrzeb i przyjemności jednostek, służy dobru społeczeństwa; a w przypadku sprzeczności interesów zawsze jest możliwe ich uzgodnienie.

Ks. Dr Ryszard Groń

dla kobiet i mniejszości seksualnych, zwalczanie homofobii i przejawów dyskryminacji seksualnej, ustalenie nowego, świeckiego porządku prawnego, w duchu genderowym, sankcjonowanym przez ogólnoświatowe organizacje i instytucje państwowe. Krótko mówiąc, chodziło o zakrojoną na szeroką (globalną) skalę indoktrynację całego społeczeństwa w duchu genderowego myślenia.

By przeforsować te postulaty posłużono się spreparowanymi wynikami nauk kulturoznawczych i umiejętnie zorientowano je na realizację celów ideologii. Efekty tego działania widzimy dziś w słownictwie i prawodawstwie międzynarodowym mającym wpływ na przemiany społeczno-kulturowe świata, szczególnie w krajach rozwijających się, gdzie pomoc gospodarczą uzależnia się od przyjęcia postulatów genderowych. Na tym tle nie może dziwić:

- dlaczego nie przyjęto imienia Boga w Konstytucji Europejskiej;
- dlaczego w imię demokratycznej równości (a wbrew tolerancji) instytucje państwowe przynaglane przez międzynarodowe ustawodawstwo, nie pozwalają manifestować w życiu publicznym wiary chrześcijańskiej, już nie mówiąc o przejawach swoistej chrystianofobii (zwalczania chrześcijaństwa) w świecie;
- dlaczego dokumenty ostatnich międzynarodowych konferencji poświęconych różnym problemom współczesnego świata (dzieci, kobiet, rodziny, czy demografii), są spisane w języku genderowym, gdzie nie pozwala się mówić o matce i ojcu, i gdzie stawia się na jednym poziomie małżeństwo heteroseksualne ze związkami jednopłciowymi, zmieniając dotychczasowe prawo;
- dlaczego z budżetu unijnego i poszczególnych państw finansuje się specjalne programy genderowej edukacji, na wszystkich poziomach, co w praktyce przekłada się na opracowywanie nowych podręczników szkolnych i uniwersyteckich, na zakładanie żłobków i przedszkoli genderowych, gdzie dokonuje się swoistych eksperymentów na dzieciach i młodzieży, nierzadko bez wiedzy rodziców.

To wszystko musi niepokoić i wyrażać słuszny sprzeciw Kościoła i oszukiwanego społeczeństwa.

Kościół wobec ideologii genderyzmu

Pierwszą reakcją Kościoła katolickiego na narastającą falę genderowej indoktrynacji społeczeństwa była i jest szczegółowa analiza tej ideologii, by **ukazać niebezpieczeństwa**, jakie się z nią wiążą.

Podstawowym, katastrofalnym jej skutkiem, na którą wskazują katoliccy znawcy problemu i który już można obserwować na naszych oczach, jest **powszechna demoralizacja i seksualizacja, szczególnie młodego pokolenia.** Sprowadza ona bowiem aspekt płciowy człowieka tylko do seksualnej przyjemności, niszcząc piękne znaczenie małżeństwa monogamicznego, rodziny, jako ogniska domowego, z jej wartościami czystości, wierności, płodności i wzajemnego oddania.

Nie sprawia normalnych warunków dla pełnego rozwoju i wychowania dzieci, z powodu braku pełnego obrazu rodziny: matki lub ojca. Czyni je właściwie egoistycznymi sierotami oddanymi w paszczę seksualnej rozwiązłości nauczanej w żłobkach, szkołach i na uniwersytetach, w imię genderowej wolności, która nie ma nic wspólnego z prawdziwą miłością.

Pod pozorem wprowadzania równych praw, tolerancji, likwidacji dyskryminacji, z wykorzystaniem międzynarodowych instytucji globalnego zarządzania i manipulacji językowych, **genderyzm wymusza na większości społeczeństwa (z reguły heteroseksualnego) akceptację warunków mniejszości (z reguły homoseksualnej), co prowadzi do swoistego ideologicznego totalitaryzmu**, tym bardziej realnego i niebezpiecznego, że są już one prawnie sankcjonowane w większości krajów świata (Gabriela Kuby).

Nieustannie słyszymy głos sprzeciwu Stolicy Apostolskiej wobec powszechnej ateizacji, rugowania wartości chrześcijańskich z życia społecznego i panseksualizacji. Konferencje Episkopatów poszczególnych krajów wydawały listy uświadamiające rodziców i całe społeczeństwa ostrzegając przed zjawiskiem tej wypaczonej ideologii. Z wielu takich listów wystosowanych przez poszczególne Episkopaty (Hiszpanii, Słowacji, Szwajcarii, Francji, Portugalii, Niemiec, Ukrainy), warto zatrzymać się na bardzo rzeczowym **liście Episkopatu Polski, z dnia 29 grudnia 2013 roku**, napisanym z okazji Uroczystości Świętej Rodziny. Biskupi przestrzegają:

„Niebezpieczeństwo ideologii gender wynika z jej głęboko destrukcyjnego charakteru zarówno wobec osoby, jak i relacji międzyludzkich, a więc całego życia społecznego. Człowiek o niepewnej tożsamości płciowej nie jest w stanie odkryć i wypełnić zadań stojących przed nim zarówno w życiu małżeńsko-rodzinnym, jak i społeczno-zawodowym (...). Spotykamy się z różnymi postawami wobec działań podejmowanych przez zwolenników ideologii gender. Zdecydowana większość nie wie, czym jest ta ideologia, nie wyczuwa więc żadnego niebezpieczeństwa (...). Tymczasem ideologia gender bez wiedzy społeczeństwa i zgody Polaków od wielu miesięcy wprowadzana jest w różne struktury życia społecznego: edukację, służbę zdrowia, działalność placówek kulturalno-oświatowych i organizacji pozarządowych. W przekazach części mediów jest ukazywana pozytywnie: jako przeciwdziałanie przemocy oraz dążeniu do równouprawnienia".

I nieco dalej:

„Wspólnota Kościoła w sposób integralny patrzy na człowieka i jego płeć, dostrzegając w niej wymiar cielesno-biologiczny, psychiczno-kulturowy oraz duchowy. Nie jest czymś niewłaściwym prowadzenie badań nad wpływem kultury na płeć. Groźne jest natomiast ideologiczne twierdzenie, że płeć biologiczna nie ma żadnego istotnego znaczenia dla życia społecznego. Kościół jednoznacznie opowiada się przeciw dyskryminacji ze względu na płeć, ale równocześnie dostrzega niebezpieczeństwo niwelowania wartości płci. To nie fakt istnienia dwóch płci jest źródłem dyskryminacji, ale brak duchowego odniesienia, ludzki egoizm i pycha, które trzeba stale przezwyciężać. Kościół w żaden sposób nie zgadza się na poniżanie osób o skłonnościach homoseksualnych, ale równocześnie z naciskiem podkreśla, że aktywność homoseksualna jest głęboko nieuporządkowana oraz że nie można społecznie zrównywać małżeństwa będącego wspólnotą mężczyzny i kobiety ze związkiem homoseksualnym".

Dlaczego tylko Kościół reaguje na ideologię *gender*?

Dlaczego opór przeciwko szaleństwu *gender* jest głównie oporem na gruncie wiary? Dlaczego nie protestują ludzie wyrastający z tradycji racjonalnej, oświeceniowej? Takie pytanie postawiono Gabriele Kuby, niemieckiej publicystce katolickiej, która od ponad dwudziestu lat zajmuje się ideologią *gender* i opisywaniem jej niebezpieczeństw. Jej odpowiedź wydaje się być bardzo przekonująca. Po pierwsze, ideologia ta jest ubrana w tzw. naukowość; po drugie, tzw. polityczna poprawność (strach) nie pozwala wielu rodzicom zabierać głosu w sprawie swoich dzieci na zebraniach, czy w ośrodkach publicznych i charytatywnych, gdzie wprost głosi się idee genderowe. Po trzecie, oddajemy głos samej autorce:

„Żyjemy w społeczeństwie hiper-zsekularyzowanym, będąc pod nieustanną presją obrazów, które stymulują naszą seksualność. Większość ludzi żyje w pewnym nieporządku seksualnym: albo w związkach nieformalnych, albo są sobie niewierni, albo korzystają regularnie z pornografii (...). Jaki oni mają wtedy obraz kobiety, miłości i małżeństwa? Taki nieporządek seksualny powoduje, że człowiek jest oślepiony i nie jest zainteresowany oporem i refleksją. Tacy ludzie chętnie słuchają uspokajających głosów, które mówią: wszystko jest w porządku, róbcie, co chcecie. I sami zaczynają głosić, że nareszcie udało im się wyzwolić spod wpływu opresyjnego Kościoła. I to dlatego nie ma w sprawie gender czujności ani oporu" (*Rewolucja genderowa. Nowa ideologia seksualności*, 78-79).

Autorka nawołuje wszystkich zdroworozsądkowych ludzi do głębokiej refleksji nad swoim postępowaniem, do nawrócenia i samodyscypliny, do odwagi i aktywności katolickich rodziców, do społecznego organizowania się i manifestowania katolickiego punktu widzenia, by przeciwdziałać niebezpieczeństwu ideologizacji ze strony genderyzmu.

Podsumowanie i wnioski

Na zakończenie nasuwają się wnioski, które trzeba koniecznie wyciągnąć, by lepiej zrozumieć zalewające nas zjawisko niebezpiecznej ideologii genderyzmu:

1. Trzeba podkreślić, że *gender* uwrażliwiło nas na palący problem i sytuację kobiet w świecie, który domaga się osobnej i wnikliwej refleksji i praktycznych rozwiązań, ale w ramach judeochrześcijańskiej tradycji. Jest to również wciąż wyzwanie dla Kościoła, który po Soborze Watykańskim II (1962-1965)

Ks. Dr Ryszard Groń

zaczął robić w tym zakresie olbrzymie kroki, dopuszczając świeckich, w tym kobiety, do wielu możliwych funkcji. Powstał i rozwija się **feminizm katolicki**, któremu w swoim czasie Jan Paweł II dał impuls i nadał kierunek, mówiąc o **geniuszu kobiety** oraz **teologii ciała**. Jednak nie da się utrzymać rozwiązania problematyki kobiet w duchu *gender*.

2. W przypadku genderyzmu, tak jak w New Age, nie ma jakiegoś urzędowego miejsca-siedziby, założyciela, który by wyznaczał określony kierunek rozwoju doktryny i praktyki, klasycznej księgi czy przyjętych zwyczajów. Raczej są to wydawnictwa książkowe, czasopisma, katedry uniwersyteckie, stanowiska urzędów państwowych i ogólnoświatowych, wykorzystywane przez ich zwolenników, którzy dostali się na poszczególne urzędy i mają możliwość szerzenia swojej ideologii. Sprzyja im ateistycznie nastawione mass media i antykościelna propaganda.

3. Nie jest to kolejna z teorii spiskowych dziejów, bo jego wyniki są bardzo czytelne i obecne prawie wszędzie. **Ideologię** *gender* **krzewi się, często bez wiedzy rodziców i ogółu społeczeństwa, w mass mediach, w szkołach, na uniwersytetach, jako nową, naukową alternatywę dla homofobicznej (w mniemaniu genderystów), tradycyjnej katolickiej obecności.** Tym bardziej poważną i przekonywującą, że naucza się ją na uniwersytetach w postaci *gender studies*. W tym ostatnim przypadku warto zauważyć, że na katedrach genderowych wielu uniwersytetów zasiadają głównie propagatorzy skrajnego feminizmu. Przykłady można by mnożyć (Magdalena Środa, Alison Jagger, Judith Butler, itp.).

4. Najlepiej nasze rozważania można podsumować słowami jednego z felietonistów katolickich:

„Genderyzm to rewolucyjna ideologia wyzwolenia z 'ucisku' norm moralno-obyczajowych oraz praw biologii i psychologii. Jej istotną częścią jest zniesienie naturalnych ograniczeń nakładanych na człowieka przez jego płeć. Tak jak kursy marksizmu zwykle zaczynały się od opisu historii ludzkości widzianej jako walka klas, tak kurs genderyzmu rozpoczyna się od historii feminizmu ukazującego historię w perspektywie walki płci, o wyzwolenie

kobiet. Potem następuje 'uwolnienie' człowieka od jego biologicznej płci widzianej jako opresja" (Grzegorz Strzemecki).

5. **Szeroki poklask tej ideologii bierze się z jej grania na strunach permisywizmu (przyzwolenia) seksualnego, z którym każdy ma kłopot, kiedy nie trzyma się zasad moralnych i religijnych.** Szczególnie niebezpieczna jest ona dla dzieci i ludzi młodych, których od samego początku deprawuje się, nie pozwalając im przeżyć prawdziwie pięknej i czystej miłości, już nie mówiąc o losie ich dalszego rozwoju osobowościowego. **Działa też destrukcyjnie na rodziny, które nie znajdując większego wsparcia w państwie, nie decydują się na większą dzietność, są bardziej narażone na rozkład moralny, a nawet na rozpad i utratę tożsamości.** Upadek tej podstawowej tkanki społecznej stawia pod znakiem zapytania przyszłe losy całego społeczeństwa.

6. Kościół katolicki, wraz z niektórymi związkami wyznaniowymi, przedstawia analizę zjawiska genderyzmu, wskazuje na niebezpieczeństwa wynikające z jej zgubnej ideologii i nawołuje do opamiętania, oferując swoją pomoc wszystkim potrzebującym i zagubionym. Nigdy też nie przestaje prosić miłosiernego Boga o zmiłowanie nad grzeszną ludzkością.

Literatura przedmiotu:

-Emilia Kazmarek, *Co to właściwie jest ten dżender? Mały słownik dla genderowo zdezorietnowanych*, Kultura liberalna nr 263, 4(2014), 23 stycznia (http://kulturaliberalna.pl/2014/01/23/wlasciwie-dzender-maly-slownik-genderowozdezorientowanych).

-Marguerite A. Peeters, *Gender – światowa norma polityczna i kulturowa. Narzędzie rozeznania*, Wyd. Sióstr Loretanek, Warszawa 2013.

-Manfred Hauke, *La teologia feminista. Significado y valoracion*, wyd. BAC, Madrid 2013.

-List Episkopatu Polski na Niedzielę Świętej Rodziny 2013 (opoka.org.pl/biblioteka/W/WE/kep/swrodziny_29122013.html).

-Grzegorz Strzemecki, *Wypróbujcie to na szczurach. Genderyzm jako niebezpieczny eksperyment na ludziach*, w: „Gazeta Polska" 22/10/2013; 22/11/2013.

-Gabriele Kuby, *Jesteśmy na drodze do nowego totalitaryzmu. I to będzie totalitaryzm przekraczający nasze wyobrażenia*, www.wpolityce.pl/polityka/166966-dr-gabriele-kuby-jestesmy-na-drodze-do-nowego-totalitaryzmu-i-to-bedzie-totalitaryzm-przekraczajacy-nasze-wyobrazenia (23 września 2013).

-Gabrielle Kuby, *Rewolucja genderowa. Nowa ideologia seksualności*, wyd. Homo Dei, Kraków 2009.

Gender – nowa niebezpieczna ideologia. Z Dale O'Leary, amerykańską specjalistką od ideologii „gender", rozmawia Włodzimierz Rędzioch, w: „Niedziela" 49/2005, 12. ś

Marguerite A. Peeters, *Globalizacja zachodniej rewolucji kulturowej. Kluczowe pojęcia, mechanizmy działania"*, Wydawnictwo Sióstr Loretanek, Warszawa 2010.

Marguerite A. Peeters, *Polityka globalistów przeciwko rodzinie. Trzy przykłady*, Wydawnictwo Sióstr Loretanek, Warszawa 2013.

Agnieszka Niewińska, *Raport o gender w Polsce*, Wyd. Fronda, Warszawa 2014.

Dyktatura gender, Praca zbiorowa, Wydawnictwa Białego Kruka, Kraków 2014.

6

Legalizacja związków homoseksualnych

Kościół katolicki na świecie stanął ostatnio wobec nowego poważnego wyzwania. Niektóre stany USA oraz wiele krajów świata wprowadza w życie prawo, zgodnie z którym związki cywilne niezależnie od płci posiadają takie same uprawnienia we wszystkim, z wyjątkiem prawa do nazwiska i rządowych benefitów. Polski parlament w nowym, bardziej liberalnym składzie, też rozważał taką możliwość. Prawo to jest ważne dla katolików z dwóch powodów.

Po pierwsze, może on mieć zgubny wpływ na funkcjonowanie katolickich programów pośredniczących w adopcji dzieci, znajdowaniu rodzin zastępczych i istnieniu niektórych programów dobroczynnych. Kościół katolicki w USA miał tu spore doświadczenie i osiągnięcia. Jako katolickie, programy te będą musiały z ramienia prawa pośredniczyć w adopcji dzieci również par homoseksualnych. Warto przypomnieć, że w niektórych stanach USA, gdzie związki tej samej płci zostały wcześniej zalegalizowane, tamtejsze diecezje musiały zrezygnować z oferowania programów adopcyjnych.

Po drugie, dla katolików winien to być sygnał zmian, które bezpowrotnie doprowadzą do zaburzenia porządku społecznego związanego z naturą małżeństwa. Nie chodzi tu tylko o to, by sami katolicy nie wstępowali w podobne związki, ale by byli świadomi nauczania Kościoła w tej dziedzinie. A co za tym idzie, aby byli krytyczni wobec niepokojących przemian. Pod tym bowiem względem mogą dać się zwieść hasłom demokracji, tolerancji i źle pojętej wolności każdej jednostki, na które powołują się świeckie media i współczesne ustawodawstwo, tracąc z oczu fundamentalne zasady wpisane w naturę ludzką i w Boży plan zbawienia.

Stolica Apostolska wobec problemu

Oczywiście problem jest szerszej natury i dotyczy w ogóle zjawiska homoseksualizmu we współczesnym świecie. Stał się on jednak o wiele bardziej niepokojący, kiedy środowiska te zaczęły szerzyć swoistą formę kultury homoseksualnej, domagając się uznania praw legalnego zawierania związków na wzór małżeństwa wraz z dziedziczeniem majątku oraz adopcją dzieci. By pomóc katolikom dobrze rozeznać problem, Stolica Apostolska wydała kilka dokumentów wyjaśniając to zjawisko z punktu widzenia nauki Kościoła. Szczególnie pomocny może być dokument Kongregacji Nauki Wiary: *Uwagi dotyczące projektów legalizacji związków między osobami homoseksualnymi* z 2003 r. Ówczesny prefekt Kongregacji Nauki Wiary, kard. J. Ratzinger, ujmuje je w kilku punktach. Najpierw przypomina o istocie i nieodzownych przymiotach małżeństwa pokazując, że związki par homoseksualnych im nie podlegają; następnie, podaje argumenty racjonalne przeciw prawnej legalizacji tych związków, uwrażliwiając na nie polityków katolickich.

Prawda naturalna o małżeństwie

Kard. Ratzinger wyjaśnia, że małżeństwo nie jest jakimkolwiek związkiem między osobami. Zostało ono ustanowione przez Stwórcę w swej istocie, zasadniczych właściwościach i celach. Oto dwie osoby różnej płci, poprzez wzajemne, osobowe oddanie im właściwe i wyłączne, dążą do jedności, by się wzajemnie udoskonalać, współpracując z Bogiem w przekazywaniu i wychowaniu nowego życia. Małżeństwo jest więc naturalną komórką społeczną, w której dwie osoby różnej płci wyrażają swoje wzajemne oddanie miłości, owocem którego jest zrodzenie i wychowanie potomstwa – namiastki nowego, przyszłego społeczeństwa.

Objawienie Boże podkreśla równość mężczyzny i kobiety co do godności osobowej, choć zróżnicowanej płciowo. Płciowość należy do sfery biologicznej i jest tu wyniesiona na poziom osobowy, na którym jednoczą się ciało i dusza. Właśnie w takim związku realizuje się wspólnota osób związana z pełnieniem aktów płciowych, przez co

---

Ks. Dr Ryszard Groń

ma ona swój udział w akcie stwórczym. Tak więc komplementarność (fizyczne i psychiczno-duchowe dopełnienie) płci oraz płodność należą do samej natury instytucji małżeństwa. Jest ona tym cenniejsza dla chrześcijan, że podniesiona do godności sakramentu, staje się środkiem uświęcenia, a więc drogą do Boga.

Nie ma alternatywy dla instytucji małżeństwa

Jak łatwo można zauważyć, wskazane elementy w ogóle nie przystają do związków homoseksualnych, które chce się uczynić w majestacie prawa alternatywą dla małżeństwa. Dokument Kongregacji zauważa, że nie istnieje żadna podstawa do porównywania czy zakładania analogii, nawet dalekiej, między związkami homoseksualnymi a planem Bożym dotyczącym małżeństwa i rodziny. Małżeństwo jest święte, natomiast związki homoseksualne pozostają w sprzeczności z naturalnym prawem moralnym. Czyny homoseksualne bowiem wykluczają z aktu płciowego dar życia; nie wynikają z prawdziwej komplementarności uczuciowej i płciowej; dlatego nie mogą być zaaprobowane.

Pismo Święte zauważa, że są one poważną deprawacją, będąc wewnętrznie nieuporządkowane. Są one grzechami pozostającymi w głębokiej sprzeczności z czystością. Ponadto związki homoseksualne nie są w stanie zapewnić prawidłowego rozwoju osobowościowego adoptowanych dzieci, skazanych na wzrastanie w środowisku homoseksualnym. Pod tym względem dzieci te wydają się być podwójnie poszkodowane: z jednej strony nie mają własnych rodziców, z drugiej strony są narażone w większym stopniu na homoseksualizm.

Argumenty racjonalne przeciw legalizacji prawnej

Dokument Kongregacji podkreśla, że prawna sankcja par homoseksualnych może wprowadzić nieodwracalne, głębokie zmiany porządku społecznego sprzecznego z dobrem wspólnym państwa, przysłaniając niektóre fundamentalne wartości moralne, już nie mówiąc o dewaluacji samej instytucji małżeństwa. Brakuje w nich całkowicie elementów biologicznych i antropologicznych małżeństwa i rodziny, bowiem nie są one w stanie zapewnić odpowiednio prokreacji i trwania rodzaju ludzkiego. Sytuacji nie zmienia ewentualne zastosowanie sztucznego zapłodnienia *in vitro*, które dodatkowo uchybia szacunkowi należnemu godności osoby ludzkiej.

Brak dwubiegunowości płciowej stwarza przeszkody w normalnym rozwoju adoptowanych dzieci, którym brakuje doświadczenia macierzyństwa i ojcostwa. Pozbawia się ich tym samym pełnego rozwoju ludzkiego. Związki homoseksualne nie realizują, nawet w najdalej idącej analogii, zadań małżeńskich i rodzinnych, a jako takie są nawet szkodliwe dla prawidłowego rozwoju społeczności ludzkiej.

Politycy katoliccy

Ostatni paragraf Dokumentu Kongregacji jest poświęcony politykom katolickim i ich postawie wobec ustawodawstwa przychylnego związkom homoseksualnym. Skoro wszyscy wierni mają obowiązek przeciwstawienia się legalizacji prawnej podobnych związków, to politycy katoliccy zobowiązani są do tego w sposób szczególny, na płaszczyźnie im właściwej. Winni oni jasno i publicznie wyrazić swój sprzeciw i głosować przeciw projektowi takiej ustawy, a w przypadku faktu dokonanego, winni dać publiczny wyraz swemu sprzeciwowi dając należyte świadectwo prawdzie. Następnie winni popierać propozycje, których celem jest ograniczenie szkodliwości takiej ustawy, zmierzając w ten sposób do zmniejszenia jej negatywnych skutków na płaszczyźnie kultury i moralności publicznej.

W podsumowaniu całości rozważań dokument zaznacza, że szacunek dla osób homoseksualnych, który Kościół uznaje, nie może w żadnym wypadku prowadzić do aprobowania zachowania homoseksualnego lub legalizowania podobnych związków. Wymaga tego dobro wspólne oraz ochrona jedynie prawdziwej instytucji małżeństwa i rodziny.

Katechizm Kościoła Katolickiego (KKK) o małżeństwie

Bardzo jasną i czytelną naukę Kościoła katolickiego na temat prawdziwej natury małżeństwa mamy w Katechiźmie Kościoła katolickiego.

„Przymierze małżeńskie, przez które mężczyzna i kobieta tworzą ze sobą wspólnotę całego życia, skierowaną ze swej natury na dobro małżonków oraz do zrodzenia i wychowania potomstwa, zostało między ochrzczonymi podniesione przez Chrystusa Pana do godności sakramentu" (KKK 1601).

„Powołanie do małżeństwa jest wpisane w samą naturę mężczyzny i kobiety, którzy wyszli z ręki Stwórcy. Małżeństwo nie jest instytucją czysto ludzką, chociaż w ciągu wieków mogło ulegać licznym zmianom w różnych kulturach, strukturach społecznych i postawach duchowych. Ta różnorodność nie powinna prowadzić do zapomnienia o jego wspólnych i trwałych cechach. Chociaż godność tej instytucji nie wszędzie ukazuje się z taką samą jasnością, to jednak we wszystkich kulturach istnieje pewne zrozumienie dla znaczenia związku małżeńskiego. Szczęście osoby i społeczności ludzkiej oraz chrześcijańskiej wiąże się ściśle z pomyślną sytuacją wspólnoty małżeńskiej i rodzinnej" (KKK 1603)

„Ponieważ Bóg stworzył mężczyznę i kobietę, ich wzajemna miłość staje się obrazem absolutnej i niezniszczalnej miłości, jaką Bóg miłuje człowieka. Jest ona dobra, co więcej bardzo dobra, w oczach Stwórcy. Miłość małżeńska, którą Bóg błogosławi, jest przeznaczona do tego, by była płodna i urzeczywistniała się we wspólnym dziele zachowywania stworzenia: Bóg im błogosławił, mówiąc do nich: 'Bądźcie płodni i rozmnażajcie się, abyście zaludnili ziemię i uczynili ją sobie poddaną'" (Rdz 1, 28) (KKK 1604).

Literatura przedmiotu:

- Kongregacja Nauki Wiary, *Uwagi dotyczące projektów legalizacji związków między osobami homoseksualnymi*, www. vatican.va/roman_curia/congregations/   cfaith/documents/ rc_con_cfaith_doc_20030731_homosexual-unions_pl.html. (2003)

-*Katechizm Kościoła katolickiego*, Wydawnictwo Pallotinum, Poznań 1994, kanony: 1601-1604.

Słownik
najpotrzebniejszych pojęć

Alchemia (z arabsk. *al'chimija*, łączyć, stapiać), starożytna praktyka preparująca mieszanki chemiczne w celu odkrycia przepisu zamiany ołowiu w złoto (tzw. kamień filozoficzny), lekarstwa na wszelkie choroby (panaceum) i eliksiru nieśmiertelności; powstała w starożytnym Egipcie i na Wschodzie, zyskała popularność na Zachodzie w XVI wieku (Paracelsus), będąc wiązana z mistycznym okultyzmem.

Astrologia (z greck. *astros logos*, wiedza o gwiazdach), zbiór wierzeń i wróżb, które ustalają i przewidują sytuacje osób i ziemskich wydarzeń w oparciu o układ gwiazd związany z datą ich narodzin, czyli z tzw. znakiem Zodiaku. Kościół ofiacjalnie potępił astrologię jako niebezpieczny przesąd w 1586 roku.

Deizm (z greck. *deus*, bóg), pogląd oświeceniowy niektórych filozofów (J. Locke, D. Hume, J. Voltaire, D. Diderot) uznający istnienie bezosobowego boga, bez specjalnego objawienia Bożego (w Piśmie Świętym), lecz na zasadzie naturalnej rozumowej zdolności umysłu ludzkiego, rozumianego jako konstruktora mechanizmu świata i jego praw, w które on już więcej nie ingeruje.

Egzystencjalizm ateistyczny, ateistyczny kierunek myślowy, biorący pod uwagę przede wszystkim aspekt egzystencji ludzkiej, bez podkreślania pierwszorzędnej roli istotnych elementów, które stanowią człowieka, takich, jak: cielesno-duchowa jedność, powołanie, odniesienie do transcendencji itd.... (jego twórcą jest Jean-Paul Sartre, 1905-1980); jako taki jest pochodny od ogólnego nurtu egzystencjalnego w filozofii zapoczątkowanego przez Sorena Kierkegaarda (1813-1855), który twierdził, że człowiek stoi cały czas wobec wyboru (albo-albo) swej wolności.

Eklektyzm (z greck. *eklektikos*, wybierający), łączenie w jedną, z reguły niespójną, całość różnych teorii, koncepcji i pojęć czerpanych z wielu różnodnorodnych kierunków filozoficznych, systemów i doktryn.

Ekologia głęboka (z ang. *deep ecology*, *deep* głęboki) (z greck. *oikos*, dom, środowisko naturalne, *logos*, nauka), skrajna postać teorii filozoficznych mających mających podać receptę na zapobieżenie dewastacji środowiska naturalnego, kosztem (dogłębnego) przewartościowania dotychczasowych (czytaj: chrześcijańskich) princypiów, na których opierała się cywilizacja Zachodu; jej twórcą jest norweski filozof Arn Naess (1972).

Ekosystem (z greck. *oikos*, środowisko, *systema*, zestawienie), dowolny (albo całościowy) układ środowiska naturalnego składający się z elementów (przyrody) ożywionej lub ożywionej i nieożywionej, pozostających ze sobą w rozmaitych relacjach, od bakterii począwszy a na biosferze skończywszy (A. Tansley, 1935).

Ezoteryzm (z greck. *esoterikos*, wewnętrzny), wiedza tajemna związana często z duchowymi doznaniami pozazmysłowymi, dostępna tylko dla wtajemniczonych; synonim okultyzmu, z pominięciem magi i satanizmu, którymi ten ostatni się zajmuje.

Filoanimalistyczny (lub filozoonistyczny), pojęcie ukute przez T. Ślipkę w stosunku do zwolenników przyznawania zwierzętom podmiotowości moralnej (w przeciwieństwie do tzw. filohominatów, przyznającym ją tylko i wyłącznie ludziom).

Gnostycyzm (z gr. *gnosis*, wiedza), nurt religijny zrodzony w II wieku głoszący uwolnienie w człowieku pierwiastka duchowego z jego materialnego zniewolenia, poprzez uzyskanie tajemnej wiedzy (drogą medytacyjnego oświecenia) o Bogu i o przeznaczeniu człowieka; odrzucano fakt wcielenia Chrystusa i Jego dzieła „zbawienia ciała".

Holizm (z greck. *holos*, cały, zupełny), pogląd filozoficzny głoszący nadrzędność całości w stosunku do części oraz niesprowadzalność całości do sumy części; tezę tę po raz pierwszy wyraził Jan Christian Smuts (+1950) uważając, że determinacyjnymi czynnikami w naturze są „całości", których nie da się sprowadzić do sumy ich części.

Indyferentyzm (z łac. *in-diferus*, różny w, obojętny), pojęcie zastępcze deizmu, wskazujące na obojętność Boga wobec toczącego się losu świata, którego on tylko stworzył i puścił w ruch, a którym się więcej nie interesuje; ogólnie może oznaczać obojętność na rzeczy religijne w obliczu ześwieczczenia świata.

Kabała (z hebr. *kaballah*, otrzymywanie, tradycja), wyrosła w X (i XIII) wieku w diasporze żydowskiej (na terenach Europy, gdzie osiedlali się Żydzi), tajemna wiedza mistyczno-filozoficzna judaizmu opierająca się o poglądy gnostyckie i symbolikę liczb.

Kontrkultura (z łac. *kontra*, przeciwny), kultura poszczególnych grup społecznych kontestująca zastany stan rzeczy; twórcą pojęcia i poniekąd samej idei był amerykański ekolog (głębi) Theodor Roszak (1969), kontestujący cywilizację Zachodnią i jej zależność od chrześcijaństwa.

Liberalizm (z łac. *liberalis*, wolnościowy), zrodzona w epoce Oświecenia (XVII – XVIII wiek) ideologia, według której wolność jest nadrzędną wartością o charakterze indywidualistycznym (w skrajnej formie utożsamianej z egoizmem), wobec nadużyć absolutnej władzy i feudalnego porządku średniowiecza; w swej pozytywnej formie sprzyja demokracji, prawom obywatelskim i własności prywatnej, jednak jego trzon doktrynalny ma zabarwienie ateistyczne zmierzając do wyzwolenia się również od wpływu Boga i Kościoła.

Naturalizm (z łac. *natura*), pogląd filozoficzny uznający istnienie jedynie świata materialnego (natury, której pochodną jest również swiat duchowy, kiedy się go uznaje), bez zewnętrznej racji istnienia w Bogu, a wyłącznie na zasadzie działania praw natury.

Okultyzm (z łac. *occultus*, ukryty), doktryna zakładająca istnienie i wykorzystywanie dla własnych celów sił tajemnych w człowieku i w naturze; jest on szczególnie obecny w relgiach Wschodu i gnostyckich wierzeniach.

Panteizm (z greck. *panta theos*, wszystko bóg), pogląd filozoficzny uznający istnienie (bez)osobowego boga jako zasadę sprawczą (on stworzył świat), materialną (on sam jest jego materiałem na zasadzie emanacji od istnień duchowych do materialnych) i ożywczą (jest on niejako duszą ożywiającą) całego istniejącego wszechświata.

Paranauka (z greck. *para*, przy, obok, poza czymś), wiedza z pogranicza nauki (racjonalnej) zawierająca elementy nienaukowe, bowiem przyjmuje teorie i hipetezy nie mające odpowiedniego uzasadnienia racjonalnego; jako taka, stoi poza oficjalnym nurtem naukowym, jednak niektórzy naukowcy czerpią z niej pomysły i hipotezy robocze.

Parapsychologia (z greck. *para*, poza, *psyche*, dusza, *logos*, nauka), część składowa paranauki parająca się badaniem niewytłumaczalnych naukowo (prawami przyrody) zjawisk psychicznych (tzw. paranormalnych), takich jak: jasnowidzenie, telepatia, czy psychokineza (umysłowe oddziaływanie na rzeczy); sam termin powstał w 1889 roku (M. Dessoir) i przyjął się później dzięki pracom Laboratorium Parapsychologicznego na Uniwersytecie Duke'a w Durham w Karolinie Płn. (1930).

Postmodernizm, najogólniej rzecz biorąc, system myślowy (filozoficzny) powstały po tzw. okresie modernistycznym, którego granice umownie określa się na zburzenie muru berlińskiego (1989), przedstawiający dość niespójnie nową alternatywną (w stosunku do chrześcijaństwa) wizję świata i człowieka, zbierając zdobycze wcześniejszych, ateistycznych przemyśleń i tradycji filozoficznych.

Poststrukturalizm – metoda badań literackich, powstała w wyniku kryzysu strukturalizmu (specjalnego kierunku w literaturze, który polegał na stworzeniu ścisłej, obiektywnej, spójnej i logicznej nauki o litaraturze), jako krytyczne spojrzenie na tę metodą naukową. Jako taki, krytykował autonomiczny charakter języka, a jego znaczenia są realizowane w toku rywalizacji dyskursów; powiązał on kategorię znaczeń z władzą. Jego przedstawicielami są: Jacques Derrida, Michel Foucault, Julia Kisteva.

Psychoanaliza (z greck. *psyche*, dusza, *analis*, analiza), teoria psychologiczna Z. Freuda (+1939), pozwalająca dotrzeć w człowieku do sfery jego nieświadomości psychicznej, stosując ją następnie do leczenia i terapii zaburzeń psychicznych.

Racjonalizm (z łac. *rationalis*, rozumny, rozsądny), teza światopoglądowa zrodzona w XVIII wieku (I. Kant), według której przyjmuje się za pewniki prawdy dające się rozumowo (logicznie i doświadczalnie) uzasadnić, nawet te dotyczące wiary; pod tym względem ma wiele wspólnego ze świeckim humanizmem.

Spirytyzm (z łac. *spiritus*, tchnienie, dusza), wiara w możliwość porozumiewania się ze zmarłymi na seansach spirytystycznych za pośrednictwem specjalnego medium; ruch zrodzony w XIX wieku we Francji (H. Rivail, pseud. A. Kardec), i rozprzestrzeniony później na całą Zachodnią Europę i Amerykę Płn. dzięki działalności słynnych oszustek sióstr Fox.

Synkretyzm (z greck. *synkretismos*, przeciw wspólnemu wrogowi), zlepek wielu wierzeń i poglądów często ze sobą sprzecznych; jest on najbardziej właściwy dla religii Wschodu.

Teozofia (z greck. *theos*, bóg, *sofia*, mądrość), historycznie ruch religijno-filozoficzny zapoczątkowany przez H. Bławacką (1875), inspiriwany wpływami wielkich religii Wschodu, głównie hinduizmem, zgodnie z którym jest możliwy bezpośredni kontakt z absolutem, światem duchowym i hierarchią istot rządzących całą rzeczywistością; dziś ma charakter okultystyczny, chcąc podać techniki bezpośredniego jednoczenia się z boskością.

Utylitaryzm (z łąc. *utilitas*, pożytek, korzyść), koncepcja etyczna zrodzona w XVIII wiecznej Anglii (J. Betham, J. S. Mill) uznająca za moralnie dobre te działania, które poprzez zaspokajanie egoistycznych potrzeb i przyjemności jednostek, służy dobru społeczeństwa; a w przypadku sprzeczności interesów zawsze jest możliwe ich uzgodnienie.

Literatura przedmiotu:

Encyklopedyczny przewodnik po świecie idei, red. S. Bednarek, J. Jastrzębski, Warszawa 1996.

Zakończenie

Mam nadzieję, że niniejsza książka spełniła oczekiwania czytelników; moje na pewno. Została napisana z potrzeby kapłańskiego serca, spontanicznie, w obliczu zagrożeń płynących z globalnych ideologii współczesnego świata, które są i powinny być zarówno dla Kościoła, jak i dla każdego katolika, poważnym wyzwaniem. Jak zaznaczyliśmy we *Wstępie*, zło tych ideologii pochodzi z ich alternatywnego w stosunku do chrześcijańskiego systemu wartości i rozumowania, który stawia do góry nogami cały porządek moralno-prawny świata i w konsekwencji może prowadzić do katastrofy kulturowej naszej cywilizacji. Ich wspólnym mianownikiem jest budowanie świata bez Boga, by na Jego tronie posadzić zlaicyzowanego i wyzwolonego z wszelkich moralno-duchowych ograniczeń człowieka. Historia tzw. Cywilizacji Zachodniej zna liczne próby tej detronizacji Boga i laickiego wyzwolenia ludzkości. Ot chociażby wspomnieć tu marksizm i leninizm, który wprowadził dyktaturę proletariatu mordując miliony istnień ludzkich, by zrealizować swoją utopijną ideę budowy prawdziwego raju na ziemi, pod przewodnictwem partii robotniczej; albo rozważany w naszej książce ruch masoński, ze swoimi ideami humanizmu, równości i braterstwa bez Boga, który swym doktrynalnym zamieszaniem doprowadził do niejednej krwawej rewolucji, między innymi, rewolucji burżuazyjnej we Francji. Jednak nigdy dotąd podobne ideologie nie przybrały rozmiarów globalnych, by móc zagrozić całej cywilizacji ludzkiej. I o tych zagrożeniach traktowała ta książka.

W kilku odsłonach, historycznie i doktrynalnie, tak jak nawarstwiały się na siebie, jeden stanowiąc niejako budulec dla następnego, omówiliśmy po kolei systemy odrzucajce Boga i zastaną kulturę chrześcijańską: ruch masoński, New Age, ekologizm, z jej alternatywnym traktowaniem fauny, wreszcie genderyzm z jego konsekwencjami prawno-społecznymi w postaci legalizowania związków jednopłciowych przez ustawodawstwo wielu krajów świata. Jak widać, nie są to już tylko teoretyczne rozważania nie przynoszące żadnych skutków prawno-społecznych. Są to konkretne systemy zakładające rzeczywiste odrzucenie dotychczasowej cywilizacji budowanej na wielowiekowej zdrowo-rozsądkowej myśli antycznej Grecji i Rzymu oraz tradycji Judeo-Chrześcijańskiej, które wchodzą wielkimi krokami w naszą codzienną rzeczywistość niosąc spustoszenie i nową formę dyktatury (kulturowej) oraz zniewolenia.

Wobec powyższego, nie ma co czekać na samoistne uleczenie, bo takiego nie będzie. Trzeba wziąć sprawy w swoje ręce i tak jak niegdyś, na początku rozwoju Chrześcijaństwa, swoim przykładem heroicznego chrześcijańskiego życia, zacząć przemieniać swoje najbliższe otoczenie. Pierwszym krokiem jest nabycie podstawowej wiedzy, by uświadomoć sobie, z jakim niebezpieczeństwem mamy do czynienia, czemu ma służyć m. in. niniejsza książka. Następnie trzeba wzmóc swoją chrześcijańską postawę łącząc ją z duchowością i życiem sakramentalnym Kościoła katolickiego, jedynego, jak zauważyliśmy, strażnika prawdy o świecie i Bogu oraz zwykłej normalności. W kontekście tego, myślę o tym, co zauważył w swoim *Wprowadzeniu* ks. bp. Andrzej Siemieniewski. Inicjatywą Maksymiliana M. Kolbe było rozpoczęcie krucjaty modlitewnej w obliczu niebezpieczeństwa masonerii właśnie w ich intencji, o ich opamiętanie i nawrócenie.

Na zakończenie chciałbym podać budujący przykład chrześcijan pierwszych wieków Chrześcijaństwa, którzy w obliczu demoralizacji antycznego świata basenu Morza Śródziemnego, w którym przyszło im żyć, swoim przykładnym chrześcijańskim życiem potrafili mu się oprzeć do tego stopnia, że go w końcu zmienili. Jest to fragment apologii pisarza II wieku, do Diogeneta, który pragnął poznać Chrześcijaństwo. Anonimowy autor tak opisywał pierwszych uczniów Chrystusa żyjących w pogańskim świecie Cesarstwa Rzymskiego:

„Chrześcijanie nie różnią się od innych ludzi ani miejscem zamieszkania, ani językiem, ani strojem. Nie mają bowiem własnych miast, nie posługują się jakimś niezwykłym dialektem, ich sposób życia nie odznacza się niczym szczególnym. Nie zawdzięczają swej nauki jakimś pomysłom czy marzeniom niespokojnych umysłów, nie występują, jak tylu innych, w obronie poglądów ludzkich. Mieszkają w miastach helleńskich i barbarzyńskich, jak komu

wypadło, stosując się do miejscowych zwyczajów w ubraniu, jedzeniu, sposobie życia, a przecież samym swoim postępowaniem uzewnętrzniają owe przedziwne i wręcz paradoksalne prawa, jakimi się rządzą. Mieszkają każdy we własnej ojczyźnie, lecz niby obcy przybysze. Podejmują wszystkie obowiązki jak obywatele i znoszą wszystkie ciężary jak cudzoziemcy. Każda ziemia obca jest im ojczyzną i każda ojczyzna ziemią obcą. Żenią się jak wszyscy i mają dzieci, lecz nie porzucają nowo narodzonych. Wszyscy dzielą jeden stół, lecz nie jedno łoże. Są w ciele, lecz żyją nie według ciała. Przebywają na ziemi, lecz są obywatelami nieba. Słuchają ustalonych praw, z własnym życiem zwyciężają prawa. Kochają wszystkich ludzi, a wszyscy ich prześladują. Są zapoznani i potępiani, a skazani na śmierć zyskują życie. Są ubodzy, a wzbogacają wielu. Wszystkiego im nie dostaje, a opływają we wszystko. Pogardzają nimi, a oni w pogardzie tej znajdują chwałę. Spotwarzają ich, a są usprawiedliwieni. Ubliżają im, a oni błogosławią. Obrażają ich, a oni okazują wszystkim szacunek. Czynią dobrze, a karani są jak zbrodniarze. Karani radują się jak ci, co budzą się do życia. Żydzi walczą z nimi jak z obcymi, Hellenowie ich prześladują, a ci, którzy ich nienawidzą, nie umieją powiedzieć, jaka jest przyczyna tej nienawiści. Jednym słowem: czym jest dusza w ciele, tym są w świecie chrześcijanie" (*List do Diogeneta*, rozdz. 5-6, z Brewiarza na Środę 5. Tygodnia Wielkanocnego).

Widać, ile mocy działania Ducha Bożego oraz determinacji, by być zawsze blisko Boga, było w zapale pierwszych chrześcijan. Niech i nam ich dziś nie zabraknie.

Summary

Catholic in a global world. Dangerous challenges of ideology.

This book was written out of the need of a priestly heart, spontaneously, in the face of the threats posed by global ideologies of the modern world, which are and should be a serious challenge for both the Church and every Catholic. The evil of these ideologies comes from their alternative to the Christian system of values and reasoning, which turns the entire moral and legal order of the world upside down and, as a consequence, may lead to the cultural catastrophe of our civilization. Their common denominator is building a world without God in order to sit on His throne a man who is secularized and liberated from all moral and spiritual limitations. History of the so-called Western civilization knows numerous attempts at this dethronement of God and the secular liberation of mankind. However, never before have similar ideologies taken on a global scale in order to be able to threaten the entire human civilization. And these dangers are discussed in this book.

In several scenes, historically and doctrinally, just as they stacked up on each other, one being a building block for the next, we discussed in turn systems that reject God and the existing Christian culture: the Masonic movement, New Age, ecologism, with its alternative treatment of fauna, and finally genderism with its legal and social consequences in the form of legalizing same-sex unions by the legislation of many countries around the world. As you can see, these are no longer just theoretical considerations that do not bring any legal and social effects. These are specific systems assuming the actual rejection of the hitherto civilization built on the centuries-old common-sense thought of ancient Greece and Rome and the Judeo-Christian tradition, which enter our everyday reality with great strides, bringing havoc and a new form of (cultural) dictatorship and enslavement.

In view of the above, you need to take matters into your own hands and, just like in the past, at the beginning of the development of Christianity, with your example of a heroic Christian life, begin to transform your immediate surroundings. The first step is to acquire basic knowledge to become aware of the danger we are dealing with, what it is to serve, among others this book. Then you need to strengthen your Christian attitude by combining it with the spirituality (including prayer) and the sacramental life of the Catholic Church, the only guardian of the truth about the world and God, and ordinary normality, as we have noticed.

Ks. Dr Ryszard Groń